U0084863

織田作之助
古川綠波
武田麟太郎
長岡半太郎
內藤湖南等
著

侯詠馨
譯

和日本文豪一起逛大阪

浪花之城、天下廚房、日本金庫，也是不羈的情欲之都……

目次

輯二　相遇的那些人

寫在前面——繁華浪花之城的矛盾與多變

◎廖秀娟（元智大學應用外語學系副教授、日本大阪大學博士）

自江戶時期以來就以三都——京、江戶、大坂——來稱呼，直到明治二年因版籍奉還的緣故，將日本改為三府三〇二縣，其中的三府就是京都、東京、大阪，此時三都地位勢均力敵，直到一九四三年東京撇下京都府與大阪府，獨自升格為都之後，開始拉大了東京與京都、大阪之間的抗衡力道，當中處於最為尷尬位置的就是大阪。

京都或許被東京取代了首都（天皇所在之都）的地位，然而京都本身擁有悠久的平安京貴族血統、優雅洗鍊的文化傲氣，讓她在東京這個現代化城市面前毫不遜色，仍能睥睨傲視而無絲毫的卑微。反觀大阪因商人之都色彩濃厚、風俗業盤踞，重人情、又愛插科打諢，經常被東京的主流媒體誇大形塑成只有重利好算計、品位不高、搞笑藝人充斥、行為粗魯的暴發戶面貌。然而大阪真的是個只能這樣解讀的都市嗎？

關東大地震之後作家谷崎潤一郎舉家搬往關西，定居在阪神之間，他將在這期間所見所聽聞的關西與大阪的模樣，描寫在他的隨筆〈我所見的大阪與大阪人〉（一九三二）當中。他在文中如此描述著關西的女性：「關西的婦人總是話不多，表現出委婉含蓄內斂的一面。與東京相比顯得高雅脫俗，非常性感。（略）即使說些猥語，上方（筆者注：京阪地區）的女性總是深諳優雅意會的說法，一旦用了東京語就總是顯得露骨低俗」。若將谷崎潤一郎在《細雪》中所描繪出大阪人的婉約、恬靜、低調與優雅的一面拿出來對比，倒也不難察覺在現今以東京為主的媒體視角之下，這優雅的大阪像時常被忽略，甚或故意視而不見。

追本溯源，看似粗俗重利、商人性格強勢的大阪，其實是個擁有一千四百年以上歷史的大城市，一方面對著交通量龐大的瀨戶內海，一方面從內陸又有眾多河流匯入大阪灣，自古以來即是船舶交錯來往頻繁的交通要衝之地，特別是五世紀時大阪開港之後，更成了外國船隻停靠的重要玄關，各種前衛的工藝品、貿易品與最尖端的科技技術、鍛造技術、工業與資訊情報流通，甚至連尚未傳入日本的佛教信仰也開始藉由大阪傳入。

西元五九三年由聖德太子於大阪建立了四天王寺，西元六四五年孝德天皇更進一步將首都從奈良遷到了大阪並建了難波宮，其遺址成為現今日本最古老的皇居。雖然之後首都隨著朝代的更迭，而遷往長岡京（京都）、平城京（奈良）、平安京（京都）、鎌倉、最後定於江戶（東京），但在這期間，織田信長平定戰亂開啟安土桃山時代之後，緊接著開啟豐臣秀吉以大阪為據點，在號稱久攻難克的上町台地上興建大阪城，居高臨下遠眺大阪灣，近看淀川水路城堀，睥睨群雄天下兵權一手掌控。

西元一五八一年太閤豐臣秀吉以首都的格局，積極開發大阪的水路系統，以大阪城為中心，沿著城依序興建外濠護城河，各個河道相互連結脈絡綿延，大阪以船場為中心的「水都」形象逐漸成形。也由於水流河道的綿延縱橫成為大阪物流運轉的傳輸動脈，一路將貨物、新鮮食材、商業產品透過內陸航線運往京都、奈良，肩負起大阪身為「天下廚房」的重要角色。江戶時期曾流行「江戶八百八町」、「京都八百八寺」、「浪華（大阪古稱）八百八橋」，這樣的說法來形容東京城多、京都廟多以及大阪的橋多。江戶時期的儒學家広瀬旭窓曾說過著名的一句話：「天下的財富有七成在大阪，而大阪的財富有七成是船上的交易」（「天下の貨〈たから〉七分は浪華にあり、浪華の貨七分は船中にあり」），由這可以應證到大阪水運的盛況以及物品集散貨物交易的活絡，也因為大阪串連起港灣海陸，各項米糧食材、物流匯集，也使得大阪美食之都的形象根深柢固。

西元一六一四年大坂冬之陣與一六一五年大坂夏之陣中，由於關西軍戰敗，豐臣一家滅絕，大阪城遭攻破，城下町燒成一片焦土，大阪躍升成為日本首都的企圖再次挫敗，然而大阪人不畏挫折的商人性格，又快速地讓大阪在江戶時期以經濟之都再度站起，旺盛的經濟活動也帶動了深度的文化底蘊，發展出了大阪獨特的元祿文化與淨瑠璃這傳統的藝術形態。本書收錄由內藤湖南所撰寫的〈大阪町人與學問〉中，詳細的描寫了大阪在德川幕府時代下，如何發展出屬於自己風格的町人學問與文化。

還有世界知名的物理學家長岡半太郎——被譽為日本物理學之父，在京都大學任教時曾經教過日本首位諾貝爾物理學獎得主湯川秀樹——東京帝國大學物理學科，取得博士學位後赴德留學三年，回國後於東京大學任教。他從科學家的視點來觀看大阪這座城市。一九三一年在大阪醫界、產業界、大阪府知事等各界人士奔走之下，大阪終於擁有了第一間國家級的綜合型大學——大阪帝國大學，在各界人士的遊說之下，長岡半太郎擔任大阪帝國大學首任校長的職務，也開啟了他與大阪的緣分，成為近畿地區培育重要知識分子的舵手。他在本書收錄作品〈大阪這地方〉中，以知性的角度，從水都、運河、歷史、美食等面向，娓娓道出大阪今昔的概況和努力奠下足以自豪的基礎。

然而，時代對於大阪這座城市的磨練卻是接二連三，一八六八年明治維新之後日本整個經濟重心東移，東京的經貿格局逐漸超越了傳統商賈之都大阪，為了不輸給東京求得生存，大阪全心全意向金錢主義靠攏，開始轉向工業之都發展，工業廢氣黑煙瀰漫，十九世紀末大阪時常被揶揄是黑煙之都，並被命名為「東洋的曼徹斯特」。以經濟優先的信條之下，儘管工業的高度發展，卻忽略了文化、教育以及環境的維護，使得原本物產豐饒的海鮮漁獲，受到工業廢水的重度污染，生活環境空氣品質惡劣，再加上戰後高度經濟發展吸引了大量的勞動人口聚集，在經濟泡沫化後，蕭條的景氣反而使得大阪出現了日本罕見的貧民窟——窮人、老人、流浪漢、妓女的匯集地。

作家武田麟太郎（一九〇四—一九四六）出生於大阪市南區，位於現在日本橋附近，距離風化區、貧民窟的釜崎只有幾條街道的距離。上京後考進了東京帝國大學文學部法文科，在學期間傾心於勞動抗爭，撰寫左翼文學，之後受到警部的脅迫拘禁，因而將關注的焦點轉向市井小民。本書所收錄的作品〈釜崎〉，則是他關心底層民眾掙扎求生的代表作。

釜崎是日本最大的貧民窟，位置臨近阿部野區的時尚購物中心，離大阪觀光熱門區新世界僅有幾條巷弄之隔，然而這裏卻有五千名左右的日雇型勞動人口，有近萬人是需要社會救助的弱勢，他們因經濟蕭條失業、貧困、健康惡化而流落至此，當中妓女、黑道、販毒、賭博等行業混雜其中，貧窮與疾病也如影隨行。文章中的主人公是個小說家，到十二歲為止都在這個地區生活，因母親過世，多年之後再度回到故鄉，試著追憶小時候的生活點滴。小說家親眼目睹了下流階級被打趴在地，咳血吃土跪地求生的卑賤姿態的同時，文章中遊民的一句話「『小哥，請我喝酒吧。』這話我說得出口，不過我可不敢說『請我吃頓飯』」也點出了遊民在卑微中硬是堅持的志氣。本書所收錄的作品〈雪夜〉中，也能看到這種即便生活已經走到絕路，爛到透的人生，織田筆下的主人公仍是撐著一口氣的自尊，不向命運投降。

《上方文藝》評論家木津川計教授曾指出大阪出身的作家對於自身的故鄉

會有兩種極為相反的表現方式。他以同是大阪下町出身的作家武田麟太郎與織田作之助為例表示：武田麟太郎雖然在作品〈釜崎〉、〈井原西鶴〉中寫出了大阪的風情，但他心中卻無法愛上這個城市。在隨筆〈思考大阪〉中寫道：「……什麼事都誇大赤裸，像小孩般胡鬧嘻笑，欠缺東京人特有的反省與羞恥心，是個徹底的享樂家」。有人認為武田對於故鄉的蔑視、怒罵是起源於他對於故鄉的不長進，因愛而起的怒氣。

另一方面，織田作之助雖然被東京的文壇貼上輕佻的標籤，但是他卻從未開口詆毀謾罵過他的故鄉大阪。他在隨筆〈大阪的可能性〉中曾說道：「大阪人與其期待他遵循舊有觀念，不如讓他打破窠臼、蠻橫不講理、在離經叛道之時才更能發揮他的精髓，我認為若無法掌握到這個訣竅是無法了解大阪的，這點就是大阪的可能性。」織田作之助對於故鄉大阪就是以這樣的包容與溺愛之心在看待，這讓人彷彿透過作品〈夫婦善哉〉中，蝶子對於維康商店少爺柳吉放蕩不羈的個性、放浪形骸的生活態度百般忍耐與縱容的身影中，看到了作家織田對故鄉大阪展現出的愛的樣式。

本書所收錄的作品〈樹之城〉是織田作之助於一九四四年三月刊登於文藝雜誌《新潮》的短篇作品。文章一開頭即寫到「人們總說大阪是無樹之城，不過，我卻覺得不可思議，我的童年記憶，跟樹木一直脫不了關係」，一九四四年日本戰爭敗象顯露，大阪當時尚未遭到空襲，仍保有大片綠地，文章中人物「我」相隔十年之後再度回到故鄉，因緣際會之下遇到了青春時期的故人……是一篇大幅跳脫織田作之助無賴派寫作風格的作品，沒有浮誇激烈的男女之情，也沒有頹廢浪蕩的糜爛生活，作者以古風的抒情體，恬靜淡泊的筆觸淡淡的描寫出在戰爭時局下小人物的親情，看似樸拙不起眼的平凡人物，卻展現出珍貴的家族之愛。評論家青野季吉更盛譽此篇作品「詩意盪漾的唯美故事」，與〈夫婦善哉〉、〈我的城市〉並列織田作之助戰時下的代表作。最後一句「寒風猛烈，吹得樹梢不停顫動」暗示著「我」的憂心忡忡，在戰爭的威脅下，故鄉這片美麗的綠意能否逃過一劫，彷彿也預告著之後，隨之而來的大摧毀。現今大阪著名的天王寺七坂之一的口繩坂上，豎立著織田作之助〈樹之城〉中一節文字的石碑，靜靜地向著旅人們訴說著作家織田作之助的愛鄉之情。

本書另外收錄了三位非大阪出身的作家作品——芥川龍之介〈神仙〉、古川綠波的〈近日大阪〉、吉行榮助的〈大阪萬花筒〉。古川綠波是戰時下家喻戶曉的諧星，更是知名的美食家。他在隨筆〈近日大阪〉中描寫他因劇場活動的關係在大阪停留一個月，其間他為了享用大阪知名的活跳蝦費盡心思，更對大阪料理人以美食之都的高傲姿態，謝絕食客的大師派頭感到不爽；然而就在他嘀嘀咕咕的埋怨之中，也將大阪料理人追求美食之道的頑固、堅持與傲氣給反面投射出來了。吉行榮助則是將觀察的視點投注在大阪的情色景象的描寫，他們透過外地人的視點映照出大阪這座城市絢爛與糜爛的一面。

眾所周知，芥川龍之介是道道地地的江戶人與大阪的淵源不深，雖然在一九一九年三月辭掉海軍機關學校的教職後，進入了大阪每日新聞社任職，但他的工作性質只須要將稿件寄到出版社即可。依據資料他曾經因為演講工作的關係，分別於一九二〇年與一九二四年前往關西地區，在大阪出身的作家直木三十五的帶領下在京阪地區旅行，品嘗京阪間的美食名店。

他的作品〈神仙〉描寫主人公權助來到大阪奉公，眼看偉大如太閤也不免一死，轉而追求成仙的永生之道，一日他走入工作仲介屋的櫃台詢問，要到哪奉工才能成仙？仲介屋的掌櫃很傷腦筋不知該如何打發權助，只好轉去求助住在附近的醫生夫婦，醫生太太心生一計告訴掌櫃，她知道如何成仙，但條件是權助得替她無薪工作二十年，權助二話不說立刻答應。隨著二十年時限的逼近，醫生終日憂慮不知該怎麼辦，因為夫婦倆根本不懂什麼成仙之術，但故事最終卻出現意想不到的反轉。一般人會將這篇作品導向基督教信仰中「信者得永生」的教誨，從芥川吞藥自殺前仍堅持讀完聖經的行為來看，這個解釋或許合理，但是這裏想關注的焦點是，芥川的作品中借醫生太太所凸顯出大阪人的狡詐貪婪、投機取巧的形象，非常接近現今的主流媒體所傳播的大阪形象，或許恰是東京人對永遠的對手大阪所抱持的特定印象吧！

你心中有既定的大阪風格嗎？本書選錄為數不多的各家傑作，企圖拼湊出大阪這個總是不會讓人失望、活力十足的城市一隅；集絢爛與糜爛、高雅與庸俗、靈巧與狡猾於一身，既是水之都、美食之都、金融之都、享樂之都，也是情欲之都、貧民之都。就像旋轉手中的萬花筒，繁華浪花之城的矛盾與多變，永遠讓人目不暇給！

輯一　惦記的地方

樹之城

織田作之助｜おだ　さくのすけ

在眾多坡道中，有地藏坂、源聖寺坂、愛染坂、口繩坂等，光是記下這些坡道的名字，都讓我萬分懷念，沉緬不已，其中，我最懷念的就是口繩坂。……口繩坂跟蛇一樣，是一條蜿蜒曲折，穿越樹木之間，拾級而上的古老石階坡道。

人們總說大阪是無樹之城，不過，不可思議的是，我的童年記憶，跟樹木一直脫不了關係。

像是在生國魂神社境內，相傳有棵住著蛇神的老樟樹，我怕得不敢接近，當祂落在北向八幡境內的蓮花池時，用銀杏樹晾沾濕的外衣；中寺町的寺院裡，有一棵被蟬色隱蔽的老松樹，還有源聖寺坂及口繩坂綠意盎然的樹叢……我絕對不是在無樹的都市長大，至少，對我來說，大阪絕對不是無樹之城。

我曾試著從千日前一帶視野絕佳的建築物上方，往北方依序由高津高台、生玉高台、夕陽丘高台，望向遙遠的東方，我發現鬱鬱蒼蒼的綠色，早在數百年前的往昔，就悄然填滿深底，仍未從被煙霧及塵埃污濁的大氣之中消逝。

這裡是人們口中的上町一角。我們這些在上町長大的人，把前往船場、島之內、千日前一帶，稱為「下行」，不過這裡所說的上町，並不是相對於下町[1]的說法。只是因為這個地區位於高台，所以才被稱為上町，沒有東京山手[2]那樣的含義及旨趣。這些高台地區，有些是以寺院為中心形成的社區，也有曾留下「登高台遠望」[3]的高津宮遺跡所在的社區，社區的品味自然注重古老的傳統，以及靜謐的氛圍，事實上，雖然我們仍然能窺見幾分情趣，不過，像是高津表門筋、生玉的馬場先，以及中寺町的河童横町等街區，早在元祿年間[4]就充斥著大阪町人[5]自由的下町氣息。住在上町的我們，也成了不折不扣的下町男兒。

這裡的巷弄多——因為這裡是窮人多的街區。同時，也是一個坡道多的街區。處在高台地區，這也是理所當然的。所謂的「下行」，指的是沿著坡道往下走到西邊。在眾多坡道中，有地藏坂、源聖寺坂、愛染坂、口繩坂等，光是記下這些坡道的名字，都讓我萬分懷念，沉緬不已，其中，我最懷念的就是口繩坂。

口繩（Kuchinawa）就是大阪人稱呼蛇的說法。說到這裡，相信大家已經察覺，口繩坂跟蛇一樣，是一條蜿蜒曲折，穿越樹木之間，拾級而上的古老石階坡道。叫它蛇坡可能會破壞它的形象，叫做口繩坂則別有一番情調，拜此名稱之賜，這是我提到大阪時，第一個想起的坡道。然而，年輕時候的我，完全沒發現口繩坡這個名稱的旨趣，我那青春的飄渺思緒，反而都跑到這條坡道盡頭，人稱夕陽丘的高台，於是那一帶就稱為夕陽丘了。夕陽丘應該是個流傳已久的名稱。以前，站在這高台遙望西方，也許可以瞧見夕陽落入浪華[6]海中吧。不知道是不是藤原家隆[7]曾在這座高台吟詠「有緣千里來難波，得見夕陽入浪間」，就此定下夕陽丘的名號。然而，年少時候的我完全不知道這段故事的來歷，在我年少善感的心裡，只會為了口繩坂半路上的夕陽丘女子學校產生熱情。每到傍晚，我總是若無其事地站在坡道上，望著沿著坡道往上的制服，我的臉龐彷佛沐浴在夕陽下，羞得滿臉通紅。如今，這成為我懷念的過往。

當時，我是高津宮遺跡上的國中生。不過，國中畢業之後，我進了京都的高中，從此之後，我的青春就從這個社區轉往吉田。少年時期，我經常去駒池的夜市和榎的夜市消磨時光，成了偶爾才回老家的高中生之後，我覺得它們就像數十年如一日的老舊紙拉門，成了毫無意義的風景。不久，我在就讀高中的時期失去雙親，後來搬離無人的老家，我與這個社區，幾乎再也沒有瓜葛。在無依無靠的狀態下，我很快就習慣到處飄泊的生活，我也忘了故鄉的城鎮。儘管後來我在一些作品中，描寫這個城鎮，不過，作品明顯帶著幾分虛構的味道，稱不上是對現實城鎮的描寫。懶惰如我者，在描寫虛構的城鎮時，完全不會興起造訪現實城鎮的念頭。

然而，去年初春，我必須回戶籍地的區公所辦事情。要去區公所的話，一定會經過那一區。相隔十年，我終於有機會造訪這個社區，我多少有幾分感慨。我正在思量著，該從哪一條坡道走上哪一區，我的腳卻自然地邁向口繩坂。不過，夕陽丘女子學校已經不知道搬到哪去了，校門口掛著「青年塾堂」的招牌。國中時期，我曾經一度走進這道禁忌的校門。當時，夕陽丘女子學校剛成立籃球社，拜託我的國中派幾位選手前往指導。這是一段老派又悠閒的故事。說起我們國中當時在籃球界的地位，相當於和歌山國中在棒球界的地位。那天是我加入籃球社的第四天，卻悠悠哉哉地跟在指導的選手之後，走進夕陽丘的校門。然而，接受指導的學生裡，有一個名叫水原的美少女，我認識她，她卻不認識我，讓我慌了手腳。我不知道水原看到我這個自稱指導選手的人，投球姿勢卻比少女們還差，她心裡做何感想。後來，我再也不曾去籃球社，所以也不曾再踏進這道校門。我回想著這件事，爬上坡道。

走到盡頭，有一條小巷子。穿越小巷子之後，往南走是四天王寺，往北走則是通往生國魂神社，這條連接神社及佛閣的大馬路，散發一股發了霉似的傳統氣息，佛師[8]店面只寫著「作家」兩字的浮雕招牌非常適合此處，幾乎到了頑冥不靈的地步，這裡的變化之少，真教人百思不得其解，即使是睽違十年的我，都看得出來。我轉向北方，往河童橫丁的方向走去，一路上，不管是寺廟、人家還是樹木，都跟以前一模一樣，看到城鎮保留往昔的模樣，我感到十分喜悅，不過，我覺得這些人家的屋簷好像都矮了一截，彷彿走在虛構的城鎮裡。我想應該是因為我的身高不再像以前那般矮的緣故吧。

木屐店的隔壁是藥局。藥局隔壁是澡堂。澡堂隔壁是理髮廳。理髮廳隔壁是佛具店。佛具店隔壁是桶匠。桶匠隔壁是招牌店。招牌店的隔壁是……（看到這裡，我嚇了一跳。）書店已經不在了。

以前這裡是一家叫做善書堂的書店。我很喜歡《少年俱樂部》[9]和《蟻之塔》[10]，還經常投稿，每到雜誌即將發售的日子，為了確認我投稿的笑話是否印成鉛字，我每天都會去那家書店看個兩、三次。善書堂也有二手書及租書服務，還有立川文庫[11]。尋常[12]六年生的我，沉迷地讀著國木田獨步[13]的〈老實人〉、森田草平[14]的〈煤煙〉及有島武郎[15]的〈該隱的末裔〉，差點考不上國中，全都是因為我在這裡的書架物色的關係。

如今，那家善書堂，如今已經不在了。老闆有一隻大鼻子。我回想起賣舊書的時候，我一直很注意他的大鼻子，同時，我停佇在如今已經掛著「矢野名曲堂」招牌，以前曾經是善書堂的屋簷下，隔壁招牌店的老人，停下手邊三十年如一日的畫招牌動作，直盯著我這邊瞧。我還記得他那張長著許多疣的臉。我走過去，正想打聲招呼，老人沒看到我，不知想到了什麼，摘下眼鏡，快步走進店裡去了。被忽略的我，不知該如何是好，於是打算走到矢野名曲堂看看。

到區公所之前，我還有一些時間。

店裡有些昏暗。有別於日間明亮的大馬路，突如其來的黑暗，讓我有些慌張，無依無靠的視線，東張西望，只能認出壁上的貝多芬死亡面具，以及船舶的救生圈，由於它們都是白色，於是我立刻認出它們的影子。這家店似乎專門買賣或交換舊的經典唱片名曲，牆上竟然掛著船上的救生圈，我覺得奇怪，不過，我更注意的是隨後走出來的老闆。剛開始，我還沒看清楚，後來，我的視力逐漸恢復，於是我想「咦？這張臉孔似曾相識。」不過，我卻想不起曾在哪裡見過他。他的鼻子不算大，當然不是善書堂的前老闆。然而，他的嘴唇又厚又大，那張嘴總像金魚一般，習慣地一張一闔，我覺得有點像德川夢聲[16]，又好像曾經在哪個澡堂的櫃台見過他。年紀好像已經五十好幾，無論如何，他的外表怎麼也不像是適合經營名曲堂這種洋生意的老闆。話說回來，這家店本身也不適合這個社區。在前往區公所的路上，在白晝的故鄉聽著陰鬱的音樂，本身就是一件格格不入的事。不過，我也不想冒然跟老闆打聽善書堂跟這個社區的事，於是沉默地聽了好幾張唱片。回想起我以前投稿笑話到《少年俱樂部》的時候，曾經贏得二十四孔的口琴，由於這份機緣，上國中之後，我加入一個叫做「檸檬汽水俱樂部」的口琴研究社，醉心於音樂。聽完之後，我有點口渴，於是向老闆討水喝，「好，馬上來。」我趁老闆走到裡面的空檔，從懷裡拿出錢包，偷偷瞧瞧錢包的裡面。老闆馬上就出來了，放下杯子之前，他迅速擦拭櫃台。

我買了幾張唱片，正要離開的時候，下雨了。這是一場太陽雨，應該馬上就停了吧，我等了一陣子，雨勢卻一直不見停歇，反而愈下愈大了。老闆看到我在看手錶，「如果您趕時間的話，請用。」借了我一把傘。離開區公所之後，要搭市營電車時，我的目光停留在收起的傘上，上面印著矢野，我這才想起來，「哦哦，是那個矢野啊。」

京都的學生街，也就是吉田，有間西洋餐館「矢野精養軒」。我想起那裡的老闆，跟剛才借我雨傘的名曲堂老闆，是同一個人。已經是十年前的事了，雖然我一直覺得好像在哪裡見過他，卻一時想不起來，現在回想起來，還記得不少細節。以前我去吃飯、買東西的時候，老是不曉得自己錢包裡有多少錢，結帳的時候，經常因為不夠錢而面紅耳赤，矢野精養軒的老闆每次都會大方地借我錢，「方便的時候再還就行了。」店裡的招牌是香煎豬排，其他餐點也很好吃，特別是他們家的蔬菜，全都用醋醃漬，每次都提供免費的芹菜，除此之外，每個月還會購買、播放最新的唱片。全都是學生喜歡的西洋樂曲唱片，現在回來起來，真是奇妙的緣分，過了十天左右，我去還傘的時候，跟老闆提起這件事，「哦哦，原來是你啊，怪不得老是覺得在哪裡看過你，不過你變了不少呢，」老闆似乎不是在說客套話，「如果說這是奇妙的緣分，一切都是一個有趣的故事呢。」他跟我說了這個故事。

老闆本來是個船伕，孩提時代就被歐洲航線的船雇用了，在船上添炭火，或是在廚房洗碗、煮飯，四十歲才上岸，在京都的吉田開起西洋餐館。不過，他對自己的料理手腕期望過高，用了上好的材料，烹調美味的料理，便宜賣給學生，偏離了生意的本質，卻像是做興趣的，對賺錢一事漠不關心，導致每個月都虧損，落得關門大吉的下場。清算完畢之後，只剩下每個月耗費重資買給學生聽、長年累月堆積下來的大量名曲唱片，他怎麼也捨不得賣掉這些唱片，搬到大阪的時候，就一起帶過來了，結果成了他開這家名曲堂的動機。竟然選在這麼偏僻的社區開店，原因並不是生意好不好，而是因為老房子店租比較便宜的關係，「到了會在乎店租貴不貴的時候，這個人差不多已經完了。」老闆突然有些自嘲地說，「我開過西洋餐館，開過唱片行，長期以來，為了這些對世界一點也沒用的事情，吃盡苦頭，也許我四十歲的時候上岸，本來就是錯誤的選擇吧。裝飾那樣的東西，反而讓人後悔啊，」他指著掛在牆上的救生圈，「不過，我才五十三歲……人生還很漫長。」說到這裡，「我回來了。」背著書包的少年走進來，老闆說：「阿新，怎麼不打招呼？」他已經悄悄躲進店裡了。不過老闆又開心地說：「真是個不愛說話的孩子。」又突然又壓低了聲音說：「他要考國中了，這孩子一點也不像爸爸，不愛說話，口試不知道該怎麼辦。」

我說：「記得您有兩個孩子吧？」老闆的聲音又洪亮了起來：「哦哦，你說姊姊嗎？當時你的年紀跟阿新差不多，她已經唸完女子學院，現在在北濱的公司上班。」

我要離開的時候，又下雨了。我苦笑著說：「我好像成了雨男了。」又把原本拿去歸還的傘借回家，下次又去還傘的時候，也就是再次造訪這個社區的時候，我自顧自地笑了起來，這是雨傘帶來的緣分。硬要說緣分的話，名曲堂正好搬到我的故鄉，表示我的第二個青春社區——京都吉田，搬到第一個青春社區，兩者合而為一了，交疊在一起的遙遠青春，現在化為濕濡的回憶，下在雨中的口繩坂。

大約過了半個月，我又去還傘，老闆一看到我就說：「阿新落榜啦。」我安慰他：「那所國中的競爭很激烈，明年可以重考一次啊。」老闆若無其事地說：「算了，我放棄讓他唸書了，叫他去送報紙。」把我嚇了一跳。他認為女孩子要是沒唸完女子學校，將來嫁人會被人家瞧不起，所以送女兒去讀女子學校，不過男孩子沒唸書也沒關係，只要認真工作，就能當個懂事故、有用的人，所以讓兒子放棄不拿手的學業，為了讓他學會工作的道理，讓他去送報紙，從小就養成勞動身體工作的觀念，以後一定會是個正正當當的人。

回家的路上，我安靜地從黃昏的口繩坂石階拾級而下，從下面走上來的少年見了我，向我點點頭，然後蹦蹦跳跳地走了。那是抱著報紙的阿新。後來，我數次目擊阿新送完報紙，步履蹣跚地回到名曲堂的模樣，阿新總是默不作聲地推開玻璃門走進來，也不跟父親搭話，悄悄走進店裡。也許是顧慮正在欣賞唱片的我，才沒說話的吧，亦或是他本來就是個沉默寡言的人。雖然他的眉毛稀疏，五官卻很精緻小巧，短褲底下露出的一雙腿，跟女孩一樣白淨。每當阿新回家，我都會請老闆暫停唱片，留一些空檔讓老闆有機會叫家裡的阿新去泡澡，或是跟他說有配給的點心可以吃。裡頭也只回了一聲「嗯」，不過父子溫馨的愛情表現，使我感到一絲比音樂更美好的甜蜜滋味。

到了夏天，在鄉軍人會[17]的訓練開始，同時兼具教育召集的作用，我自己也忙於工作，暫時沒到名曲堂露臉。七月一日是夕陽丘的愛染堂[18]祭典，名曲堂老闆的女兒告訴我，這一天是大阪女孩們在今年第一次穿上浴衣，參拜愛染大神的日子，我卻無法前往。七月九日是生國魂的夏日祭典。訓練已經結束了。我打算找阿新陪我一起前往，進行睽違十年的參拜。我暗自期待，盤算著要在夜市給他買點東西，特地選在夜裡前往名曲堂，這才得知阿新最近才被名古屋的工廠徵召，現在住在那裡的宿舍。我來名曲堂的路上，在藥局買到維生素 B，請他們幫我交給阿新，也忘了聽唱片，就一個人去參觀祭典了。

自從那一天之後，我再度忙於工作，遠離名曲堂，不久，夏天結束了。本來以為誤入家中的蟲子是夏天的蟲子，用團扇拍打後，發現蟲兒發出唧唧的叫聲，旋即斷了氣，已經是秋天的蟲子了。有一天，我收到名曲堂寄來的名信片。看來像是女兒的字跡，寫著「您要找的唱片已經來了，盼您大駕光臨。」那是一張老唱片，由杜帕克[19]譜曲，潘采拉[20]演唱，波特萊爾[21]的〈邀遊〉（L'invitation au voyage）。我在京都的時候，一直帶著這張唱片，當時，我的宿舍經常有些女性來訪，其中一名女性不小心把它打破了，後來，她大概是覺得過意不去，再也沒跟我見過面。她是一名矮胖的女子，近視很嚴重，兩年前，她的妹妹不知道從哪裡打聽到我的消息，通知我她已經過世了，當時，我只覺得覆水難收，怎麼也無法彌補了。因此，我十分懷念那張唱片。我從事著跟青春怎麼也斷不了關係的文學工作，由於忙著工作，我反而暫時忘卻自己的青春，看到名曲堂的名信片，我立刻興起一股懷念之情，睽違多時，再次登上口繩坂。

然而，到了名曲堂，這才發現老闆不在，只剩下女兒獨自顧店，她說：「父親昨晚去名古屋了，剛好今天星期天，公司放假，才能來顧店。」一問之下，得知阿新昨晚未經工廠許可，擅自回來了。前天夜裡，他在宿舍聽著雨聲，突然很想家，想跟父親、姊姊睡在一起，明明以前不曾在一起睡覺，他卻再也無法忍受，一個人搭上日間的火車，聽了他的說明，父親卻無法原諒他的行為，當天晚上也不肯留他下來過夜，搭夜車送他回名古屋去了。連一晚也不讓他留下來，就要他回去，想起來覺得很可憐，從女兒的語氣中，我猜測她有二十五歲了。二十五歲已經比適婚年齡晚了些，不過，她清澄的眼中，流露出樂觀的稚氣，在京都見到她的時候，她剛進女子學校，當時的面容，還留在她的雙頰，並未消失，從她剛毅的談吐中，可以窺見她對弟弟的關愛，以及未經修飾的感傷。然而，說到對弟弟的關愛，年過五十的父親應該比她更強烈吧。老闆送他回去的時候，在火車上吃的，可是大展以前當廚師的身手，親手做的便當。

這名父親的愛情，溫熱了我的心頭，大約十天後，我再度前往，老闆見了我，劈頭就是對孩子的抱怨，「阿新真是不長進。」把他訓了一頓，再送他回去，據說他還是很想家，三天兩頭就寫信回來。明明是去工作的，老是想家，怎麼會認真工作呢？我從小到四十歲，都待在船上，不管在哪個海上，從沒有過這麼沒出息的念頭。真是傻瓜！老闆向我抱怨個不停，想不到老闆竟是這麼嚴厲的人。回家的路上，天色已黑，經過寺廟的時候，暗處突然飄來桂花香。

冬天到了。我聽說阿新又一個人跑回來，被罵之後又回去了，我再次感到痛心，於是我又疏遠了名曲堂。不知道老闆跟女兒好不好，阿新有沒有認真工作呢？雖然我偶爾會想起這件事，心裡也著實惦記著，經常上門的客人突然不來了，名曲堂的人應該會覺得很寂寞吧，不過我懶得出門，再加上我的健康狀態，只夠我拿來應付工作。就連必須參加的會議都不克出席，口繩坂對我來說，實在太遙遠了。後來，名曲堂也跟著成了遙遠的回憶，就這樣到了年底。

　　每到年底，我總想要跟大家見見面。一想到今年再也見不著名曲堂的人們了，突然覺得不露個臉實在過意不去，我又開始懷念他們了，雖然有些小感冒，我還是登上口繩坂。在坡道上，我摘下口罩，喘口氣，到了名曲堂門口，發現大門深鎖，貼著一張紙，寫著「為因應時局，本店歇業」。我想他們可能在家，敲了敲門，沒人回應。大門從外面上了鎖。不曉得搬到哪裡去了，我吃驚地詢問隔壁招牌店的老人，說是去名古屋了。名古屋不就是阿新的……經過我再三詢問，老人點頭說：「對啦。」阿新很想家，不管跟他講幾次，都想回家，主人經過再三考慮後，決定乾脆全家搬到阿新所在的名古屋，一起生活、一同工作，這樣阿新再也不會想家了。除此之外，也沒有其他方法可以阻止阿新想家的心情了，要是再拖下去，自己可能也會接到徵召，差不多在二十天前，老闆把店收了，跟女兒一起出發，女兒也辭了工作，好像要跟阿新一起工作，畢竟兩個人都是疼兒子、疼弟弟的人啊，大概已經年過七十的招牌店老人，低聲喃喃說著，摘下眼鏡，擦了眼屎。他似乎沒發現我曾經是這個社區的少年，我也不想再提起這件事。

蕭瑟的口繩坂，樹木已經枯萎，吹起陣陣白風。我從石階上走下來，心想，暫時不會再走上這條坡道了吧。提醒我青春的甘美回憶，就此畫下句點，必須面對新的現實。寒風猛烈，吹得樹梢不停顫動。

◎作者簡介

織田作之助・おだ　さくのすけ

一九一三－一九四七

小說家，暱稱「織田作」。一九一三年十月二十六日出生於大阪，一九三八年發表小說〈雨〉備受同鄉前輩作家武田麟太郎（一九〇四－一九四六）注目，隔年發表〈俗臭〉獲芥川賞候補，一九四〇年以短篇小說〈夫婦善哉〉獲改造社第一回文藝推薦作品受賞，於文壇取得一席之地。擅以平民化方言寫大阪庶民生活，戰後，以敏銳的觀點描寫混亂世相與風俗，發表〈世相〉、〈競馬〉，一躍而成流行作家，與太宰治、坂口安吾等同列無賴派、新戲作派。

譯註1 指城市中地勢比較低的地區，後來泛指庶民居住的工商鬧區。
譯註2 江戶時代曾開發江戶城附近的高地，做為幕府臣子的住處。
譯註3 仁德天皇留下的詩句，高津宮為其皇宮。
譯註4 一六八八－一七〇四。
譯註5 泛指商人及工匠，是當時地位最低賤的族群。
譯註6 難波的別稱。
譯註7 一一五八－一二三七，鎌倉時代的公卿、歌人。
譯註8 製作佛像的工匠。
譯註9 一九一四－一九六二年間刊行的少年雜誌。
譯註10 一九二三年創刊的兒童雜誌。
譯註11 一九一一－一九二四年間，以少年為對象的文庫系列，以戰記、歷史為中心。
譯註12 尋常國小，舊時代的教育制度，相當於國小。
譯註13 一八七一－一九〇八，小說家、詩人。
譯註14 一八八一－一九四九，作家、翻譯家。
譯註15 一八七八－一九二三，小說家。
譯註16 一八九四－一九七一，電影辯士（講解默劇或外國電影的人）、作家、演員。
譯註17 相當於後備軍人。
譯註18 愛染堂勝鬘院，供奉愛染明王。
譯註19 Marie Eugene Henri Duparc，一八四八－一九三三，法國作曲家。
譯註20 Charles Panzéra，一八九六－一九七六，聲樂男中音。
譯註21 Charles Pierre Baudelaire，一八二一－一八六七，法國詩人。

近日大阪

古川綠波｜ふるかわ　ろっぱ

在北區的菊屋午餐。坐在樓梯下的板凳。鴨里肌好吃。蝦仁炸什錦是梅月流的，又大又輕爽。要了紅味噌湯配飯。晚上吃梅田的壽司葫蘆。很晚了還有活跳蝦，這趟過來第一次品嘗。

五月上旬至六月，在梅田Koma劇場上演《道修町》，在大阪停留約一個月。

我在大阪的樂趣之一，就是享用活跳蝦（活蝦）。酒醉之後，冰涼的壽司在舌間的觸感，實在是難以言喻，活跳蝦更是舒爽宜人，甚至讓人聯想起明天一早的順暢排便。因此，每回去大阪，我總是期待著活跳蝦。

在東京，即使去了壽司店，也很少店家會端出活跳蝦，即使有，也不夠新鮮，不像大阪那樣，尾巴還啪啪啪地甩個不停。即使會跳，也像是軟趴趴的慢動作。

可是，大阪壽司店的活蝦老是很早賣完。我們晚上結束工作，到店裡一看，老是被店家拒絕，丟下一句「已經賣完了。」

他們的回絕方式，聽來有幾分傲慢。「不好意思，真不巧，今天晚上已經賣完了……」幾乎不會用這麼殷勤的口氣，不管是哪一家店，感覺都在說「你想吃活跳蝦，怎麼不早點來啊？現在才來，還想吃什麼？」直接了當地說：「沒有了。」

於是我問：

「請問，幾點來才有呢？」

對方說：

「七、八點沒來的話就賣完了。」我生氣了，混帳東西，我們的工作就是沒辦法七、八點來吃壽司啊！

聽他的口氣，很早賣完好像是什麼值得驕傲的事。不過，很早賣完不就表示只進了一點點貨嘛！哪有什麼好值得驕傲的。

我講的可不只有特定一家店，戰後幾年，我跑過不少大阪的壽司店，不管我上哪家店，都能看到這種冷淡、目中無人的自豪感，覺得賣完值得驕傲的態度。我不打算把東京壽司店那種粗魯、不客氣的話，翻譯成大阪風格的說法。若是東京的壽司店，稍微問他們幾句話，雖然回答也很粗鄙，像是要跟人吵起來，但絕對不會是耀武揚威的樣子。最近東京也有些不識相的人，偶爾也會說些無禮至極的話，不過，在他們粗魯的話中，仍保有原本對客人應有殷勤、恭敬的心意。東京的講話方式，本來就有這些細膩的心思。

我想大阪腔本來也有這種心意吧，不過，我想要藉這個機會，對大阪的各大壽司店，吐吐我的苦水。

商品賣光這件事，絕對沒什麼好得意的。即使想要炫耀一番，對於專程上門來吃的客人，也應該表示「感謝」、「抱歉」的心意。

然而，除了壽司店之外，大阪的餐廳大部分都讓人覺得不舒服。我覺得有不少餐廳老是擺出一副大師的派頭。

本想帶人到某家店用餐，那裡的老闆卻是個怪人，說是「超過幾個人無法招待」或是「未滿幾個人謝絕惠顧」，時間也是，說是「非得在○○點上門」，他一講完我就立刻拒絕了，「既然這樣，我不吃了。」通常這種餐廳收費一定特別貴。

各位大阪的老饕啊，千萬別姑息這樣的餐廳，請你們好好監督他們。

好了，回到壽司店吧。

我在OTV[1]的《兩張椅子》節目中，與大久保恒次[2]對談。我抱怨前述事件，晚上時間太晚的話，在大阪會吃不到活跳蝦的事。

隔天。

南大阪酒吧的媽媽桑也許是看了電視節目，邀我去一家深夜十二點還在營業的店，不管是活跳蝦還是什麼食材都吃得到。

那家店在黑門。叫做壽司平，像個小吃攤，果真如她所說，可以盡情地大快朵頤，享用活跳蝦。非但如此，都已經捏成壽司了，蝦尾巴還跳個不停。醉酒後的舌尖上，冰涼的活蝦帶來愉快的感覺，我吃了十貫壽司。

為什麼只有在黑門這個地方，深夜還有活跳蝦呢？我至今還是不明白為什麼。

暫居大阪期間的飲食日記，摘要。

五月十二日

北新地豐八的壽司。深夜時分，活跳蝦已售完。只好猛吃赤穗鯛。

十三日

在北區的菊屋午餐。坐在樓梯下的板凳。鴨里肌好吃。蝦仁炸什錦是梅月流的，又大又輕爽。要了紅味噌湯配飯。晚上吃梅田的壽司葫蘆。很晚了還有活跳蝦，這趟過來第一次品嘗。

十七日

晚上，宗右衛門町的西明陽軒。會會許久不見的老爹。吃了新的蝦仁漢堡，還有其他幾道菜。好久沒來了，還吃了幾道精緻、份量小的料理。

十八日

太想吃我最愛的紅燒魚翅了，散場之後，大老遠跑到神戶的H。看了端上桌的魚翅一眼，好失望。廚師換人了。完全無法勾起我的食欲。隔了三年沒上門，竟然出現這麼大的變化。

十九日

南區的野間天婦羅。高雅又輕爽，再多我都吃得下。

二十日

北區車站前，香穗的御狩場燒[3]。蛤蜊、蝦子等海鮮，跟牛肉、豬肉、雞肉，全都混在一起。還幫我穿上圍裙，戴上紙做的帽子，到底是什麼店啊？

二十二日

宗右衛門町的六番館。牛肉鐵板燒。肉質鮮美，無可挑剔。蔬菜也有多種選擇，不錯。要是不說「我們家是沾酸桔醋品嘗。」會更好。聽到人家說這種話，我反而「想沾食鹽吃啊。」

二十一日

散場之後，K招待我去他家，享用集英樓的中華菜。套餐從燕窩開始，非常棒。

二十四日

酒過三巡後，去南區的壽司屋小政。這裡的活跳蝦也賣完了，難過。吃了比目魚、海鰻。

二十六日

午餐，船場的一平。以活跳蝦為主，吃了十幾貫壽司。店家送上紅味噌湯，我不曾在東京見到這樣的手法，現在想起來，覺得這是大阪獨家。不過，壽司跟紅味噌湯真的合嗎？

二十八日

晚餐。宗右衛門町，菱富。久違的東京風蒲燒鰻配白飯。這就是東京的滋味。端上桌的各式菜餚，蒸赤穗鯛真的很好吃，刷新我對赤穗鯛的印象。

二十九日

北區的光久，晚餐。牛排好吃，雞肉也不錯。

三十日

今晚跟亞茶子[4]、東尼谷[5]一起，再次去北區的菊屋。話題很有趣，不記得吃了什麼。

三十一日

一個人午餐，去阿拉斯加。見了多年不見的飯田總監。（戰爭時，受到他各種關照，已經十幾年不見了）嘗了在舌尖化開的香醇濃湯，還有卡夫斯雷酒吧的燉煮料理，大白天就配美食喝醉了。

六月二日

去北區瓦斯大樓後面的鯡魚料理小原女。戰爭時，我受到這家店的不少照顧，本來叫做小原女茶屋。

「還記得這個嗎？」老闆拿來陳舊的紙條。上面是我的字跡，「吃太多鯡魚了，撐得肚子好痛」，紙張已經褪成紅褐色。

◎作者簡介

古川綠波・ふるかわ　ろっぱ

一九〇三—一九六一

本名古川郁郎，是一九三〇年代家喻戶曉的諧星。他出生於東京的公爵之家，卻因不是長子而被送到姑丈家收養。古川綠波很早就展現他的文學才華，於小學三年級時為自己取了「綠波」這個筆名，並自國中時開始投稿影評至《電影世界》、《電影旬報》等專業電影雜誌。

一九二五年，古川綠波自早稻田大學英文系中輟後，原想潛心寫作，後因模仿各種聲音的表演而踏上演藝之路，還將這種表演命名為「聲帶臨摹」。他在菊池寬和寶塚創辦人小林一三的鼓勵下，轉行成為喜劇演員，紅極一時，曾於一九四五年擔任戰後第一屆「紅白音樂大賽」（紅白歌唱大賽的前身）的白組主持人。

古川綠波的文學作品以電影評論和散文為主。酷愛美食的他，於戰時和晚年經濟困窘下，對飲食仍很講究，著有《綠波食談》和《悲食記》這兩本專談飲食的散文集。

譯註1　大阪電視台。
譯註2　一八九七—一九八三，評論家。
譯註3　燒烤時令蔬菜及肉類，以山椒味噌調味的料理。
譯註4　花菱アチャコ，一八九七—一九七四，搞笑藝人。
譯註5　トニー谷，一九一七—一九八七，藝人。

釜崎

武田麟太郎｜たけだ　りんたろう

掛在理髮廳門口的浪花節海報被雨淋得濕答答，泛著水光，從旁邊轉進去的第二家，就是他以前住的房子……這家理髮廳應該也傳給下一代了吧，因為當時年紀小，他老是被剃成「老虎頭」。

「傳說中，很久很久以前，有幾個外來客，他們沒帶嚮導，在這個密集地區的深處迷了路，再也沒有人知道他們的下落……」某本大阪地方誌的拙劣文章裡，在結論的部分，將釜崎稱為「高架橋下」，誠如這個名稱，以惠美須町市電車庫以南，關西線高架橋為起點，諷刺地是，住吉、堺那一帶的有錢人，開車時會經過這條大馬路，沿著紀州街道來來去去，因此釜崎已經大加整頓，現在還鋪了柏油。儘管如此，仍然與其他區域的馬路不同，這裡有五十幾家木賃宿[1]，其間交織著燉煮料理店、廉價酒店、餐館、二手商品店、地下錢莊，陰鬱地排成一列，一帶流洩出強烈的臭味——也許是人類內臟腐敗時發出的臭味吧。

一九三二年的冬夜，穿著和服的「外來客」弱小的身影，獨自一人沿著這條大馬路，走向南方。冰冷的雨下著，他握住蝙蝠傘[2]的指尖早已凍僵，卻不見他想在這裡投宿的模樣，也不像來拜訪朋友，步履十分緩慢……他站在路旁的屋簷下，用剛才代替圍巾的擦手巾包住臉頰，並未引起雙手盤胸，無家可歸的街友的注意，派出所上了年紀的巡警也不覺得他可疑，看來這名外來客，長著一張本地人的臉孔吧。話說回來，他其實是住在東京的小說家，套句評論家的口頭禪，「他有股流浪漢的氣質，不太好。」看他眉頭深鎖的模樣，這句說得倒有幾分準確。然而，也許有人要問，他是不是一時興起，才在這天寒地凍的時候，一臉若有所思地來到這一帶呢？這是他在懷念過去的感情驅使之下，造成的結果。因為他從小就住在這個地區，一直住到十二歲，三天前，在這裡含辛茹苦，把他拉拔長大的母親猝死，出於追憶之情，他已在不知不覺中走到這裡。明明不需要在這樣的夜裡外出與陷入感傷，看在他年紀尚輕，甚至無法壓抑自己激動情緒的份上，就原諒他吧。

路上那股醱酵般的特殊氣味，已經發揮聯想作用，他心裡已經浮現過去的種種情景，他也輕易陶醉其中，他銳利的眼神也不若以往，散發柔和的光芒，幾乎再也看不見其他事物。唯有來來去去的思緒，例如在袋子工廠上班的母親，夜裡也不曾休息，用石油的空箱子當底座（那個箱子的角落，還有小蜘蛛在裡面築了一個跟綿絮一樣的巢！），用鑷子夾起小巧的金屬裝飾品，以一種叫做阿拉伯膠的西洋式漿糊，黏在賽璐璐梳子上。她工作的時候，旁邊放著以報紙裹著的地瓜，這條地瓜就是她的晚餐，因為半夜孩子們會喊肚子餓，所以她留下大半塊，放在一旁，當孩子來討的時候，她會說：「你在講什麼，這是媽媽的。」還是會分給孩子吃。此外，等到裝飾完成之後，她會跟當時十歲的他，一起用包巾包成又大又重的包袱，送到大國町的批發店，儘管她這麼認真工作，她的手已經沒了力氣，有天晚上，還是被鴉金屋的老爹罵了一頓（也不知是什麼緣故，他至今仍然忘不了鴉金這個名字。因為早上借的錢，傍晚就加上利息飛回老家去了……跟烏鴉一樣，才會被人起了這名號。借一圓要先扣掉一角，只能拿到九角，而且一圓還要加上五分利，必須在八天內還清）她逼不得以，只好用頭頂著堆在家中一角，那帶著一家人小便臭味的棉被，出門一趟，帶回當時通行的，染著油垢的十分紙鈔，那天夜裡，天快亮的時候冷得不得了，有一次，他這個懶惰又貪玩的孩子，為了看尾上松之助[3]的俠客電影，向她說謊，跟她討錢，她苦惱許久，解下纏在身上的腰帶，只剩下絣織[4]的圍裙——腰帶成了他的電影票，看完電影之後，他非常感動，用墨水在二樓乾淨的牆上，畫下尾上松之助瞇起一隻眼睛的大幅肖像畫……。

奇妙的是，也許他的腳從未遺忘過去的回憶，隨著久遠以前的習慣，下意識地停下腳步，這時，小說家一驚，四處張望，他正好來到他以前成長的家的巷子口。掛在理髮廳門口的浪花節[5]海報被雨淋得濕答答，泛著水光，從旁邊轉進去的第二家，就是他以前住的房子。這家理髮廳應該也傳給下一代了吧，因為當時年紀小，他老是被剃成「老虎頭」[6]。看來今夜也沒有客人上門，玻璃門緊閉，白色門簾也已經拉起，看不到裡面的樣子。

轉進巷子裡，光線微弱，因歷史悠久之故，他覺得家家戶戶的影子看來老朽、變形，同時，四處悄然無聲，讓小說家感到幾分格格不入，然而，再度站在懷念的場所，已經讓他心滿意足。想像自己住了十二年的房子，現在不知道住了什麼樣的人，過著什麼樣的生活，這想像為他帶來甜蜜的喜悅。

這時，他看到一名女子從那間屋子的門口走出來。大概是那家的老闆娘，正要外出，來看看外面的雨是不是停了，他發現對方後，怕自己呆立於此地可能會被當成可疑人物，明明沒有路燈，應該看不到他的身影，他還是特地湊到隔壁的門牌前。不過，這個行為顯然沒有效果。女子往前跨出一步，突然拉住他的衣袖，接著像要抱住他的身子似地，把他抓住。她的動作有幾分不容抗拒的認真。出於驚訝及恐懼，小說家掙扎幾下就放棄了……女子似乎習以為常，雙手以自己的獨門技巧用力，怎麼也不肯放開，這名女子似乎並未發現他已經放棄掙扎，就在半信半疑之中，將他拖進玄關的泥土地……正以為能看見他以前洗臉、喝水的地方，卻被拖到腳踏墊上，接著對方又用力推著他的屁股，他差點絆倒，一腳踩到樓梯上，這才理解一切的來龍去脈，總算稍微冷靜下來，他轉頭對女子那張化了妝，長著青春痘的臉孔說：「喂，別這樣推，很危險。」接著，他輕巧地轉過身，與她正面相向，這時他瞧見通往二樓，被陰濕手垢染黑的牆上，仍然清楚留著出自他筆下的尾上松之助肖像畫，看見的同時，一股感慨油然而生，酸楚之氣突然湧上來，他不自覺地對著尾上松之助發呆，他感到自己就這樣失去抵抗女子的力量。女子將猶帶雨滴的蝙蝠傘及卡著泥巴的木屐橫放在門檻上，背對高掛的黃色燈泡，歪著她頭上那顆看似蒙了塵埃，已經變形的日本髮髻，驚訝地凝視著他泫然欲泣的模樣。她自然搞不清狀況，也許她在想，這男人真是軟弱，被賣淫女子不分青紅皂白地拉進門，竟失了魂，後悔萬分。這時她也傻了，一臉呆滯，牙關冷得直打顫，說：「抱歉。」後來，也許是同情他吧，朝他伸出手。

小說家想到他在這個房子出生，那裡的塗鴉還是他親手畫的，同時，這棟充滿回憶的建築物，如今成了賣淫女子的工作場所……他沉浸於感傷裡，幾乎不想在她面前提起這件事，也沒有勇氣拒絕女子的要求，於是，他輕聲細語地問：「我該付妳多少錢呢？」

「抱歉。」她不好意思地說，溫柔地請求：「請給我五角吧。」不過，在她的心裡，卻有一股恨不得現在就把手伸進他懷裡的堅強意志。

當時的他，每一天、每一天，都站在這六張榻榻米大小的房間裡，心想著無論如何都要拯救母親及弟妹，思考讓他們脫離貧窮的方法，如今房間的正中央立起一片薄薄的擋雨板，將房間一分為二，另一邊似乎有人移動的氣息，這時，房裡正好傳來男女爭吵的聲音。

女子怒罵：「我才不會做這種傻事……這種事啊，你儘管上一角賣淫那裡說吧，我們家可行不通！」又補了句「別小看我啦，大笨蛋！」小說家分了神，心想隔壁房間的女人大概也是收五角吧，所以她想說自己的身分比收一角的高一點吧，這件妙事讓他感到萬分佩服，即使人到了谷底，還是會拿還有人比自己更低賤這件事來安慰自己，沒失去崇高的靈魂……然而，從對方的客人聲音嘶啞這點看來，應該是個年紀很大的客人，客人一直不肯答應，兩人愈吵愈激烈，最後他們的身體撞在擋雨板上，本來就很脆弱了，每次傾倒的時候，他都覺得擋雨板幾乎快要倒了。這頭的女子漠不關心地看著，過了一會兒，另一名男子以低沉的聲音威脅著，「如果妳不想乖乖聽話，那就給我過來。」又大聲抱怨「好，我走，我走妳就沒話了吧，五角還我」女子激烈地喘息，高聲大叫：

「都已經收了，哪有還你的道理。」不久，傳來他們像是滾下樓梯一般，嘎啦嘎啦的聲響……不對，樓梯在小說家坐著的這一頭，這麼小的房子裡，不可能有兩座樓梯才對，他詫異地伸長了脖子，望向擋雨板那一頭，凌亂的爭執現場。這才發現那一頭的牆壁悲慘地破了一個洞，髒兮兮地披著一件洗到褪色的浴衣代替窗簾，原來那個洞通往隔壁的二樓。隔壁恐怕也是這樣的旅館吧，他想起以前那裡住著叫做荒木的喪禮服務員一家人，記得他兒子應該是暴牙，他的天資聰穎，在今宮唸職業學校。

後來，女子瞄了小說家一眼，躺在鋪在房裡，不曾收拾過的，又薄、又細長的淺黃色被褥上……到了這個節骨眼，他重複說明了好幾次。不過，女子一直不同意，固執地引誘他上床。她心知肚明，男人沒有這個念頭，也許是無法想像竟然會有人花錢不辦事吧。

她再次開口：「真是抱歉，收了你的錢卻沒能讓你爽一下……」與其說她的意志堅定，因不勞而獲感到羞怯，倒不如說是因為恐懼他拿沒辦事當藉口，索討五角的部分金額吧。

「真的、真的很抱歉。」她總算想通了，儘管如此，她還是說：「真的不要緊嗎？」接著坐直了身子，從長方形的盒子裡拿出抽了一半的菸，歪著頭，以口就他點著的火柴，抽了起來。帶紅的髮色、脖子積著油垢的皺紋及襦袢[7]湊過來……這時，他彷彿發現什麼似地，認真觀察、打量她的體型。

她的香菸比較短，很快就抽完了。小說家把自己的菸盒放在傷痕累累的榻榻米上，邀請她：「抽一根如何？」不過，女子也有她的矜持，「沒來由地收了你的五角，怎麼還能再抽你的菸呢？做這種事會遭到報應的。」她推辭後並未出手。他再說：「這點小事，別客氣。」於是她逞強地往後退，說：

「不行，不可以。」

看到她安份的模樣，他突然懷疑起自己的觀察，想要測試一下，於是不帶惡意地說：

「妳不是女人吧？」

這話聽在對方耳裡也許不懷好意吧。

「你怎麼會這麼說呢？」

女子盯著他，瞧了好半晌。接著他搓著手，低頭嘆息。

「你果然……發現了。」說完，他沉默不語，儘管如此，像是又找回勇氣，害羞地用力說：

「話說回來，到現在還沒人發現這件事呢，我說真的……小哥你是第一個……很神奇吧。」

一如他的猜測，對方是男人，小說家點點頭，總覺得有幾分不可思議……他說：「哦，然後呢？」對方窺探著他的臉色，立刻回答。

「是的，我一直靠這個賺錢，以女人的身分。」他奇妙地陳述。小說家百看不膩地盯著他，自從揭穿他不是女人之後，對方的態度有了明顯的改變。原本縮著的肩膀也挺直了，

「這樣的話，給我來一根吧。」

他不再客氣，伸手取過菸盒，小說家甚至覺得對方的手指指節也變明顯了。

接著他說：

「該怎麼辦呢，身體愈來愈厚實了……」

接著問他，他說自己二十歲。

「我小時候可漂亮了，馬上就能接到客人……雖然他們不知道啦。」

他像女子一般，掩嘴而笑，突然將香菸捻熄，

「這裡可不能待太久。不如來我的訪子吧。」

他（她）知道小說家對這奇妙的故事感興趣，於是邀請他，說：

「這裡要收休息費，不好意思讓你破費，來我那裡吧。」

他口中的「訪子」，似乎是「房子」或「家」的口音。

「就在附近，叫做第二愛知屋。」

小說家偶然想起自己已經滿足了的懷舊之心，事到如今，他才感慨地環顧、玩味這個房間，看看斑駁的牆壁、榻榻米，已經充滿這種旅館會有的氣味，浸

漬人類體液的酸臭味，天花板的薄木板也有不少破損、垂落的地方。接著，他又想，這間房裡沒看到塗鴉。

那位扮成女子的男人已經下樓，替他拿雨傘和木屐，他把脖子伸進破掉的紙拉門裡，跟裡面的人說了幾句話，然後大聲打招呼：「謝謝惠顧。」催他出門。

他沒走向大馬路，「從這邊走。」穿越小巷子，有一道木柵欄，南海鐵路行經此處，一直通往遙遠的天王寺公園，艾菲爾鐵塔的燈飾為黑暗的天空帶來光明……他（她）拎起和服和長襦袢，跨越黑色的木柵，「小心哦。」幫他拿傘，說要帶路，不過小說家小時候就曾在鐵軌上放鐵絲，讓電車的車輪輾過去，把它輾平（他用那鐵絲來做小刀），或是疊一些石子，企圖讓載滿食物或用品的貨車顛覆，倒也不是沒來過這個地方。電車從北方開過來，有人鳴起警笛，車頭燈蒼白的強光將他們閃避的影子，大大地胡亂投射在被雨沾濕的軌道小石子上。越過鐵軌是一片空地……在黑暗之中，可以聽見人們的吵鬧聲，那裡似乎聚了一群人。

女裝男子說：

「沒想到竟然有人被輾死了。」

（這裡希望各位再度容許小說家煩人的回憶。過去，這一帶經常有人被輾斃，也許是因為他們的生命不值錢吧。深夜時分，尖銳的警笛拉長了聲音響著，又傳來緊急剎車造成的地鳴，他的母親總會停下正在工作的手，說：「又有人死了。」當時，孩子感到一股寂寞直逼而來。到了早上，他們眼前的廣場躺著蓋了草蓆，淌著鮮血的屍體，等待驗屍作業完成。死者大部分都是身無分文，生不如死的人們，某個冬天的清晨，聽附近的老闆娘說，昨天被輾死的人，懷裡有十圓，還說既然有這麼多錢，為什麼要尋死呢？聽了她的話，孩子們急急忙忙鑽過木柵，拚命跑過去，說不定他們會把不要的錢分給小孩。）

踩在高低不平，淋了雨的濕軟土地上，他們朝人群的方向走去。一名被外套緊緊包住的巡警，用手電筒照著，下達各種命令，看似喪葬人員的男子正要將老人軟弱無力的壯碩身體，扛到救護車上。那是一名神似托爾斯泰[8]，有著雪白長鬍鬚的老爺爺，看起來很沉重，喪葬人員吐出白色的氣息，有些手忙腳亂，這時，人群之中跑出一名穿著泛白絆纏[9]的遊民，叫著：「老爺爺，你撐著點。」扛起他的一條腿，將他放在包覆黑布的車上。這時，以竹皮編成的粗草鞋，從老人無力垂落的腳上滑落，龜裂、破皮的大腳底，被手電筒照亮，看起來竟有幾分詭異，剛才那個遊民迅速把草鞋套在自己腳上（他光著腳）。這個動作把巡警惹惱了，他勾動下巴警告，「喂、喂。」怒叱：「那是醫院的，放回去，放回去。」於是遊民乖乖地脫下烙上醫院名稱的草鞋，用手肘擦了一下。因為草鞋已經沾了他腳上的泥巴，都濕了。他有些靦腆地將它套在老人的腳指上，馬上就掉下來了，沒辦法套上，喪葬人員把它搶過來，塞進車底。

「是老兵阿辰。」女裝男子牙齒習慣性地喀喀作響，似乎很冷的模樣，一邊向小說家說明。聽到他的聲音，巡警往這邊瞄了一眼，喪葬人員抓起救護車的拉桿，站起來，他說了句：「老爺爺，別再回來啦。」剛才的遊民回應，低聲說：「老大，老兵阿辰再也不會回來啦……剛才我摸了他的身體，已經冷冰冰了。」巡警擺著一張苦瓜臉：「這下麻煩了，大概會怪到我頭上吧。」接著，他用鞋尖將方才老爺爺躺臥的草蓆踹飛。

車子慢慢離開了，人群也跟著散去。不久之後，再次降起冰冷的雨，女裝男說：

「啊，好冷啊，愈來愈冷了。」廣場恢復原本的寂靜，四處燃起火光，光線彷彿在陣雨中消融了。這是因為遊民們挖了一個大洞，在裡面燒東西（垃圾），然後蹲在嗆鼻的白煙旁小憩。

行經這些洞穴的時候，小說家的同行者向大家搭話，

「晚安。」

又說：

「下雨了，真倒霉。」

他（她）邊走邊說，老兵阿辰本來是軍人，參加過甲午戰爭，也打過日俄戰爭，拿了勳章，卻得了心臟病，沒了孩子也沒有親人，才會落魄到這個田地。

最近愈來愈衰弱，無法起身，附近的遊民都很擔心，跟「老大」商量，想把他送進慈善醫院，雖然是進去了，他卻馬上拖著病體，回到這個空地，他們嚇了一跳，再把他帶回去，結果又步履蹣跚地回來，再三再四地重複好幾次。小說家詢問：「為什麼會這樣？」阿辰在衰弱的精神狀態下，與其選擇慈善醫院冷冰冰的公務員作風，以及堅硬、不好躺的木頭床鋪，他肯定想起了遊民習以為常的露宿精神。

不過，對方漠不關心地回答：

「為什麼呢？」……又說：「好冷、好冷……小哥，要不要喝酒？」

原來經過廣場之後，有一家小酒店，他擔心地說：

「唔，不知道我帶的錢夠不夠。」

「不要緊的。」

這時女裝男認真又得意地表示，

「算我的。」

又說剛才小說家給他五角的時候，他偷看過錢包，而且數過了。自從做這一行之後，自己總會下意識地這麼做。

——只掩上半邊油紙拉門的店裡，有兩張長桌，人們……有人在沒有鈕釦的外套上，綁繩子固定，也有個連外套都沒有，看似寒冷的黃臉男子，還有人穿著工作外套，纏著綁腿，身上綁著裡面不曉得裝著什麼的大包袱，還有眼睛幾乎快被眼屎黏住，黑色的和服衣領因污垢閃閃發亮的女子……所有人都喝醉了，垂著沉重的頭，偶爾會抬起頭，瞪視周遭，口齒不清地說話……一切都呈現不健康的混沌狀態，空氣彷彿也凝滯著，有股酸腐味。小說家與女裝男子在空位坐下來，靠在背後掛著價目表的壁板上，在地板上踩踏驟然失溫的腳尖，同時盯著店裡的人把燒酒倒進大酒杯裡的手勢。透明的液體滿溢而出，流到木紋十分明顯的骯髒桌面，女裝男湊近嘴邊吸了一口，舔舔嘴唇。他對小說家展露媚態，用性感的聲音向店員點菜，店員端來生豬腎薄切片佐鹽巴，他（她）用手指拎起那鮮血淋漓，彷彿血塊的物體，對他說：「來一片吧？」……「味道腥了點，不過這可是老饕才懂的美味。」

也許是吧。不過，小說家並未伸手。

不久，女裝男很快就喝醉了，興致高昂，愈來愈饒舌，拿出手帕貼著胸口，表示十分懊悔。因為至今從沒人發現他（她）是男兒身……他沒完沒了地說著他一直堅信自己是貨真價值的女人，除此之外，什麼都不是。他（她）連日常生活的各種瑣事都採取女孩子的行動……成了賣淫女子之後，一家三口才能在第二愛知屋（木賃宿）租一個房間，過了幾年的日子，去年弟弟滿十四歲之後，也成了女人，學會接客，減輕他們母親身上的重擔。

他佩服地說：

「年輕人的身子特別柔軟，肌膚也夠緊實，他的生意很好，我都快要比不上了。」他弟弟前幾天被警察逮個正著。後來發現他是個男人，放走他的時候，把他好不容易留長，已經可以綁馬尾的頭髮理得很短。他憤慨地抗議：「要是不能快點留長，我就不能接客了，真過份！」問了他的朋友──同住在第二愛知屋的律師（！），對方說：「法律沒規定犯這種罪要怎麼罰。」經過一番討論，他（她）決定今後將完全以「女人」的身分活下去，（他以興奮的語氣，講述自己身為女性的生活、衣服，尤其是內衣及纏腰布等衣物，帶給自己的喜悅，能想出這個奇妙的賺錢方法，是他的性別認同障礙已經無可救藥的鐵證）……最後，他肯定地說：

「既然都到這個節骨眼了，我一定要生個孩子，讓大家瞧！」

小說家十分驚訝，認為這並不是他（她）喝醉之後隨口亂說，而是真的堅信不移。

這時有人大叫：「什麼生小孩……妳在說什麼傻話，明明是個妓女！哼，不過是個沒爸爸的小孩！」

店裡一名男子，穿著連一顆鈕釦都沒有的外套，方才早已喝得爛醉，雙手全放在桌上趴睡著，這時卻怒吼著站起來，搖搖晃晃地往他們的方向走過來。

滿滿的污垢與油脂，在他臉上彷彿成了另一層皮膜，只有眼皮與唇周，像黑人一樣，沿著輪廓浮現原來的膚色……他似乎正在等待好時機，打算來小說家這裡討杯燒酒喝。他立刻說：「既然要生的話，喂，生下這個大爺的小孩嘛，我講真的哦，大爺。」他露出牙齒，擠出恭維的笑容。然而，他現在連一杯燒酒都無法嚥進喉嚨裡，燒酒宛如口水，從他的嘴邊淌落，隨後杯子被他往桌上一扔，滾來滾去。

「對了，」他像是突然想起似地說：「妳可別生其他男人的小孩哦，別生小王的小孩哦。」

接著，他突然哭了起來，哽咽地說：

「我老婆就是交了一個小王，生了他的孩子。」

好不容易才抬起滿是淚水的臉，

「這種事啊，我一開始就知道了哦，我啊，不喜歡那種會看報紙的女人啦。」

他罵起已經離開的太太。

他講話牛頭不對馬嘴，口齒不清，無法化為文字，總之，他年輕的時候，回鄉下老家討了個老婆，帶她回大阪的路上，新娘在姬路車站買了一份報紙，說她看完了。

「我連報紙都沒看過呢。」

這件事把他惹火了，覺得她很傲慢，甚至產生立刻掉頭回家，跟她離婚的念頭，想到親事已經勞師動眾，給大家添了不少麻煩，只好撫胸忍耐。果然不行啊，想看報紙的女人老是賣弄「學識」，跑去嫁給其他男人了，他這才明白自己的猜測完全沒錯。

「唉，氣死我了。」他做出結論。

女裝男說：

「小哥您喝醉了，很不舒服吧？」

不知道為什麼，他對「女子」粗魯地說：

「那是當然的。」

他坦承自己已經兩天沒吃飯了，臉色十分蒼白。小說家責罵他，既然這樣，不管多愛喝酒，為什麼不拿喝燒酒的錢去填飽肚子呢？他心想，說不定這就是以前這一帶常見的酒精中毒者。

結果，外套男把手伸進取代腰帶的繩子裡，一邊拉著，說：

「我說真話吧。」

小說家露出「說吧」的表情。

「你說的對，沒錯，大爺說的對，要是有錢的話，誰會餓著肚子喝酒呢？我可是心心念念，好想吃白米飯呢……前天我也沒飯吃，聽說觀照寺有免費的供餐濟貧，所以我帶著伊原去了，結果是免費的烏龍麵，都叫伊原『留一半給我』了，那隻老狐狸，一點都不留給我，全吃光了……我說大爺啊，可是我告訴伊原，說觀照寺有濟貧餐可以吃，邀他一起去的，要是他不曉得，連一條烏龍麵都吃不到呢，哼，這個沒情沒義的傢伙，你知道他怎麼了？連點禮貌都不懂，明明是晚輩，竟然比我先盛湯，明明拜託他留一點給我，結果吃得一乾二淨，連碗都像舔過一樣，清潔溜溜……後來，我整整兩天都沒有工作！」

他的晚輩伊原是什麼人？他在做什麼工作？醉漢都沒有解釋，總之，聽著他詞不達意的獨白，這間店裡，被烈酒麻痺了腦袋的人都悄悄嘆出白色的氣息，豎起耳朵傾聽。

「我剛才說到哪裡啦？對了，對了，大爺訓示我要用喝酒的錢吃飯，謝啦。」

他諷刺地揚起嘴角，又說：

「對了，說實話……」

不管他們肚子多餓，都不會開口要人請他們吃飯。因為他們為了餵飽自己，就已經用盡所有力氣了，再也沒有餘力能幫助別人，再說，要是有人拜託的話，還得把馬上就不夠用的東西，分成兩半。因此，他認為擾亂別人的步調、給別人添麻煩，這樣的依賴心理很沒良心。要是有人慷慨（慷慨！）大方解囊，說：「喂，我請你喝酒。」的時候，也說不出「用酒錢請我吃飯」那種話，外套男誠懇地說出自己的想法。其中也有虛榮心的因素，而且，難得對方喝酒喝得正愉快，他也不忍心破壞對方的好心情。

所以，有時也會像今晚這樣，靠黃湯來墊肚子。

他說：

「『小哥，請我喝酒吧。』這話我說得出口，不過我可不敢說『請我吃頓飯』。」

深夜的醉鬼們全都搖頭，「我不敢講，不敢講。」

小說家這時見了遊民們天生的貴族精神，只覺得十分哀傷，開口說：

「在我聽來，這些話像在和我討飯吃呢。」

對方回答：

「當然啦。」

取笑他你的虛榮心呢？

「你是大爺嘛，不要緊的。」

小說家聽了之後，心裡更難過了。

於是，女裝男子在雨中推開暖簾[10]，雨滴打在他的臉頰上，他大喊：

「哦哦，好冷，真舒服！」

他乘著酒勢，依偎在外套遊民的身上……

對方卻恨恨地咂咂嘴，

「嘖，我討厭女人。」

撥開他的手，快步往前走了。

「請我到上好的地方吃飯吧。」

說著，他走進木賃宿後方的小路，隔著骯髒的格子窗，可以窺見昏暗的房間裡，一家子、夫妻們全都縮成一團睡著，沒關上的後門裡，整排廁所門都沒拉上，看來十分陰森。

他們要去的店還開著。

外套男大喊：

「大叔，給我芋粥。」

一邊吹著，用被人們的手垢染黑，已經掉漆的筷子，將宛如濃湯的粥扒進

嘴裡，

他唸著牆上的紙片說：

「我算算，從明天到十五日，有寄居蟹兩分、還有寄居蟹三分……這下好，大叔，今天晚上大爺陪我來的，給我一碗紅豆麻糬粥。」

老闆穿著絣織筒袖[11]，圍著髒掉的白圍裙，掛著褐色圍巾，在滿是煤灰的大鍋子旁，叼著菸斗，他冷淡地回答：

「喂，明天再來，今天沒有。」

「明天啊，哼，要是我還有明天的話。」

遊民語帶責難地回嘴，

「你看看，十二點了，明天到了，我等到明天了。」

他舉起筷子，指著放在架子上，阿拉伯數字特別大的鎳製鬧鐘。老闆十分冷淡，完全不打算搭理他，他又大聲怒吼：

「喂，你聽不懂我說的話嗎？你這個殺人兇手！」

女裝男驚訝地阻止：

「你在胡說什麼啊。」

「別吵，女人乖乖閉嘴。」

他冷血地低聲說著。儘管如此，老闆仍然不為所動，只翻了翻白眼，他的眼神好像在說：「大膽遊民，竟然說這種話，以後不會讓你吃我的粥了。」

外套男只能垂頭喪氣，乖乖說：

「沒有啦，那個，我要再一碗芋粥。」

看似美味地大快朵頤。

為什麼他指著粥店老闆大罵「殺人兇手」，倒也不是沒有原因。離開那家店之後，女裝男走在前頭，「早就叫你別說那種話了。」小說家還沒問起，就主動講了起來。這已經是兩年前的事了，在秋天的晚餐時刻，那家店擠滿了吃粥的遊民，一個男子（外套男說：「欸，他叫田邊音松，是我的朋友。」）……那位田邊付了兩分，正要離開，老闆卻要他付三分，問他為什麼，他說：「因為你吃的醃漬小菜要一分。」田邊嚇了一跳，堅稱「沒有，我不記得我有吃。」表示那盤小菜是他旁邊的人吃的，老闆完全不肯聽他解釋，「你吃的」、「我沒吃」，兩人僵持不下，最後，田邊被老闆揪住胸口，不巧的是他因為挨餓的關係，身體非常虛弱，就這樣仰躺著倒下來，被路邊的石子打到頭，然後再也不動了。調查結果發現他的死因是顱骨骨折。老闆被判傷害致死罪，沒想到才過三、四個月，又開門營業了。外套男虛張聲勢地說：「我一定要報仇。」又誇讚說：「對了，那裡的芋粥真的很好吃。」像是捨不得摧毀那家店。

說完之後，外套男突然開口：「謝啦，感謝招待。」雖然雨中的交差路口，到處都站著撐傘的妓女們，他還是跑進沉睡的矮房子之間。

「等等！」小說家大喊。因為他很擔心，「今晚有地方睡覺嗎？」

對方回答：

「今晚已經吃飽啦，也喝了酒，真是個好日子，我打算順勢睡在街頭。」

尚未停下他奔跑的步履。

小說家又說：

「等等！」

表示正好因為「女子」的推薦，邀他一起在第二愛知屋過一夜。

這時，不可思議的事發生了……方才對女裝男十分不客氣的外套男，突然好聲好氣了起來，打聲招呼，「大姊，真是對不住，我連個住宿費都沒有，要麻煩您了。」……回想起來，自從他的老婆出走之後，他對女人都沒什麼好感，對女裝男自然十分冷淡，如今，他（她）成了房東，才會換上畢恭畢敬的態度。

證據在於他來到她的「訪子」時，女裝男喀啦一聲拉開正門，向坐在櫃台的詭異中年男子說：「麻煩你了。」跟在身後的他也點頭致意，還有走在寬敞的樓梯時，迎面走來一名滿面紅光，蓄著鬍鬚，嘴角卻長著一顆沒品味的瘤，穿著和服褲裙的男子，他（她）道了聲「晚安」，外套男幾乎要九十度鞠躬。

女裝男指著那名穿褲裙的男子說：「他是律師。」

在他（她）的房裡，遊民坐在角落，身子縮得愈來愈小，經常將沒有鈕釦的破外套攏在一起，或是羞赧地摸摸纏在腰上的草繩。然後對著已經入睡的弟弟（他的頭髮果真留下最近被剪短的痕跡，不過已經留長了一些，睡覺的時候露出穿著女性長和服內衣的肩膀，可以看出他平常的嗜好）以及母親（她一直默不作聲地觀察兩名外來者），為了自己半夜來訪一事，道歉了許多次。

後來，到了早上，大家睡醒的時候，早已看不到他客氣的身影，不過也沒人感到驚訝，小說家想像著他為了不驚醒正在睡覺的人，放輕腳步聲，離開房間，仰望即將泛白的天際，出門「工作」了。

那是一間不到三張榻榻米寬的房間。沒有壁櫥，只有被灰塵染白的兩、三個包袱、籃子、砂鍋、鍋碗瓢盆等煮飯用具，還有小巧的立鏡、化妝水的瓶罐，放在吊掛在牆上的架子裡，另一個角落貼著破掉的報紙附贈美女海報，應該是他們兄弟倆打扮的參考吧。

他們是勞工的孩子。對於小說家的問題，他回答：「鄉下來的鑄鐵工。」父親工作的日出鑄造廠就在這附近，不過他早已因燒燙傷無法下床，母親長年在白粉[12]工廠上班，因此中了毒，一隻手已經不聽使喚。從鄉下來到都市的勞工，他們的第二代，已經被貧窮、不衛生及無知腐蝕，只能在已經破產的狀態下生活。

早上，小說家心想該跟他們道別了，看著老太太彷彿貓咪一般，長出兩、三根銀色粗鬚的臉孔，他向女裝男子提出負擔昨晚部分房租的請求。結果對方揮揮手，掩嘴笑了。他（她）說：

「那個啊，我已經趁小哥睡著的時候收了。」他（她）還擔心小說家沒想到這件事就回去了。

問他（她）：

「你拿了多少？」，對方回答：「五角。」

母親客氣地說：「要不要吃頓飯再走？」

應該只是客套話吧？

雨停了，不過沒有陽光。小說家走到外頭，想起昨夜發生的事、見過的人，總覺得心裡不踏實，怎麼也無法釋懷。在電車的高架橋下，有個不管誰都會在這裡小便的地方，水泥已經遭到濕氣破壞，白色霉斑逐漸擴展，強烈的臭味也引起他的尿意，他一邊看著「小額信貸輕鬆辦」的廣告，清空膀胱。穿過高架橋之後，有一個免費住宿處，還不到中午，一群擔心晚上住宿問題的遊民們，早已在附近排好隊伍，蓄勢待發，等待員工開始受理登記，有人蹲著想事情，有人站著高聲聊天。小說家想起這一帶還是蔥田的往事。

有一些針對遊民，做點小生意的攤販，把魚骨或魚頭跟蔬菜碎屑一起用鹽熬煮成料理，冒著溫暖的泡泡，鍋子表面漂著浮沫，還有可能是從壽司店垃圾桶蒐集來的，染成生薑的大紅色，各式已經變形的壽司，它們全都發出異臭，不過，這股臭味仍然足以勾起街友的食欲，每個賣一分、兩分。路上還夾雜著兩、三家二手商品店，店裡（如果能稱得上店的話）鋪著小張的竹蓆，擺著菜刀、起釘鉗、碗、衛生褲等，也會收購遊民撿來的東西。其中還有前年的開運年曆，跟講談社的雜誌放在一起。一家二手商品店裡，老闆戴著裝模作樣的老花眼鏡，打開矮個子女人帶來的包袱，為物品鑑價，無所事事的遊民們圍在店門口，對他跟那些東西品頭論足一番，說：「大叔，多給點吧。」女人有些興奮，以雙手貼著臉頰。包袱裡有佛壇的掛畫，遊民看了之後說：「哇，這是真宗[13]的耶。」二手商品店老闆只冷哼了一聲，還有男性和服、漂白棉布製成的女性內衣、棉製工作手套等，最後取出用到一半的肥皂和十幾個褐色牛皮紙信封時，就連一無所有的遊民們都低聲討論：「連這種東西都要賣，辛苦啦。」女人應該是把家裡能賣錢的東西，一個不剩地全都掃過來了吧。

她收下錢，回家之後，二手商品店又再次逐一檢查剛才收下的物品，滿意地立刻擺出來。接著，他隔著眼鏡望向還站在那裡的小說家，想了一會兒之後，說：

「那把傘用不著了，今天天氣很好，你是要賣的吧？」

小說家只能苦笑，這個大叔只說要買蝙蝠傘，卻沒說要買高跟木屐，應該是雨停了，這一帶還有不少淤泥的緣故吧。正在尋思該怎麼回答才好，這時突然有人拉了他一把，是個女人，她把他拉到燉煮料理攤前。

仔細一看，對方是一名披著大披肩，一只眼睛特別小的虛弱女子。她小聲地說：「小哥，你要搭電車，對吧？」

小說家搞不清楚她為什麼要這麼問，意識到在一旁燉煮料理攤的鍋子旁取暖的街友們投來的視線，模稜兩可地回答：「嗯，也許會搭吧。」他的話才講到一半，皮膚粗糙的女子將握在短手指中的電車車票塞給他，說：「我賣你六分。」

小說家搞不清狀況，姑且告訴她，「妳要不要賣給那裡的二手商品店？」

她不肯答應，說：

「那些人總是胡亂砍價。」

於是他逼不得已，只好拿出一角白銅硬幣，她則扭扭捏捏，一副不知所措的模樣，也許對方覺得麻煩，暗自期待他能不能全都給她吧。這時半路卻殺出一個程咬金……有個聲音說：

「我幫你換錢吧，我有很多零錢，要多少有多少，重得不得了。」

一名頭髮稀疏的少年，在那鍋燉煮料理底下取暖，偶爾覺得舒服，會坐著打瞌睡，他從束腹帶裡，掏出以報紙包住的銅板。重量當然沒有重到他無法負擔。

披肩女握著六分，說：「謝謝。」道謝之後想了一會兒，到不遠處的垃圾壽司店買點東西，瞄了小說家一眼，便小跑步奔向高架橋的另一頭了。少年也目送她離去的身影，指著小說家手上那張皺巴巴的電車票，說明：

「破麻，現在一張車票就能上啦，看來生意真的不好啊。」

「嗯。」

小說家覺得說不出話來，想到剛才那名女子的一生，還有少年，他的臉部腫脹、泛紅、眼睛瞇起，破和服外衣底下還穿了一件襯衫，全身都是結痂的爛瘡，流出來的血與膿沾滿又粗又厚的皮膚，除了裝銅錢的紙包，還拿著一張紙板，紙板上的文章，大意為這孩子無父無母，孤苦無依，還染上棘手的遺傳病，懇請幫忙，同鄉筆，還寫著各位大德（！），見狀，小說家想他肯定是在大馬路上痛哭失聲，面前擺個箱子，乞討一分施捨的少年。

看他痛罵剛才的女子生意不好，似乎在炫耀自己的生意有多好。……「前陣子有一天還賺到兩圓呢，雖然全都給十八啦了。」

他補充說明，十八啦就是那邊那個圍著海瀨圍巾，戴金框眼鏡，目光冰冷的男子開的路邊賭場，

「哦哦。」

小說家不禁心服口服。

「等我存到五十圓，我打算去醫院。」

「你得了什麼病？」

「唔，反正有病吧。」

少年事不關己地說完，

看似善良的燉煮小吃攤老闆，從旁提出忠告，

「你快點去醫院吧，可別拖太久，到時候就來不及啦。」

「嗯，我也是這麼想。」

少年露出沉思的眼神，心想要靠一錢賭博存到五十圓，不知還有多久，接

著又說：

「大叔，給我來一根。」

「來了。」

老闆從胃散的大罐子裡，取出裝上濾嘴的金蝙蝠香菸，賣他一錢。

當天夜裡，小說家在難波碰上報社記者某氏，聊起釜崎的事，某氏說前幾天還發生這件事。深夜，有人將病倒在路旁的女子扛到警察局，請醫生看診之後，說是嚴重的肋膜炎，已經沒救了，沒多久就斷了氣，第二天，帶她過來的男子來了，說是想要見她一面，跟他說已經死了，男子「哇」地一聲哭出來，看他那麼悲傷，正覺得奇怪，問他是不是認識的人，他才坦誠那是他老婆。他住在釜崎的木賃宿，是個賣清潔劑的，當然賺不了多少錢，再加上老婆臥病在床，眼看她的病情日益惡化，卻無計可施，醫生也不肯幫老婆看病，瀕死的老婆痛苦不堪，他考慮許久，才把老婆偽裝成病倒在路邊的人。

報社記者某氏說：

「這位遊民老公十分傷心，你要不要把這段故事寫成小說呢？」

小說家露出狡猾的微笑，也沒答應就回家了，不過他下定決心，他要加進昨晚的經驗，創作一篇小說。為了找參考資料，他開始讀起市公所出版的「大阪市不良住宅地區沿革」。

……現在的釜崎人口密集地區，在明治三十五年[14]之前，只不過是紀州街道旁，八間為旅客建造的長屋[15]。後來，東區的野田某氏首開先例，為勞工建造低價住宅，收容勞工，然而，當時還是一個不足百戶的貧窮村落。

隨著後來大阪市的發展，盤踞下寺町、廣田町一帶的貧民也被趕走，南下尋求安居之處，偶然形成集團，現在的釜崎，成為純長町貧民的聚落，低層勞工、流氓、無業遊民急速增加，大馬路旁的木賃宿成了來自各地的攤商、街頭藝人的巢穴，對附近居民的生活，造成十分不好的影響。大部分的兒童都未就學，即使就學了，完成三、四年的課程就不再上學，隨處可見以金錢下注，賭博取樂的孩子。沒有污水處理設施，骯髒程度已是筆墨難以形容。熱鬧的地區已是如此，落後的地方情況自然更嚴重。不少地方沒有自來水，使用井水等等。

（昭和八年[16]三月）

◎作者簡介

武田麟太郎・たけだ　りんたろう

一九〇四—一九四六

小說家。出生於大阪府大阪市。少年時期開始接觸永井荷風作品，就讀於東京帝國大學文學部期間參與社會運動，並將個人經驗寫入小說〈暴力〉而奠定其無產階級文學作家身分。曾與小林秀雄、川端康成等文學家共同創刊文藝雜誌《文學界》，亦獨自創立提倡散文精神的雜誌《人民文庫》。文風深受日本近代文學大師井原西鶴「浮世草子」形式影響，專注於創作以庶民生活為主題的「市井事」，藉庶民觀點描繪時代風俗，寫下〈日本三文錢歌劇〉、〈銀座八丁〉等代表作活躍於文壇。

譯註1　廉價旅館，不提供食物，有些甚至要自帶被褥。
譯註2　撐開時類似蝙蝠形狀的洋傘，有別於日本紙傘的名稱。
譯註3　一八七五—一九二六，歌舞伎演員、電影演員、導演。
譯註4　以各色絲線織成的布料。
譯註5　由三味線伴奏，以歌曲及口白講述故事的表演。
譯註6　原本要理成光頭，由於技術不佳，頭髮參差不齊，看來像是老虎的毛。
譯註7　和服的內衣。
譯註8　一八二八—一九一〇，俄國小說家，代表作為《戰爭與和平》、《安娜．卡列尼娜》。
譯註9　庶民常穿的和服外套。
譯註10　店家掛在門口，充當招牌的布簾。
譯註11　袖子呈筒狀，沒有袖袋的上衣。
譯註12　化妝用的白粉，含鉛粉，長期使用會導致鉛中毒。
譯註13　淨土真宗。
譯註14　一九〇二年。
譯註15　日本的傳統建築，在一棟長形的房屋裡，隔出許多間獨立的房間。
譯註16　一九三三年。

大阪這地方

長岡半太郎｜ながおか　はんたろう

說起大阪的觀光，就會想到心齋橋筋、堺筋、道頓堀、千日前、各種百貨公司與戲院，然而，如果忽略城市的大動脈——為數眾多的運河，則看不見都市的真髓。

不用多說，早在仁德天皇[1]時期，大阪就是個已經發展的都市。因聖德太子[2]建造四天王寺、蓮如上人[3]建立石山本願寺，總覺得與佛教關係匪淺。不過，自從豐臣秀吉平定爭亂，在此築城之後，帶來全新的氣息，發揮大阪的本質。大阪面向海灣，淀川因舟楫之便，四通八達，成了物資集散地，有了強大的地利、水利。於是，土地的開發，成了再自然不過的道理，改良淀川河床，在三角洲打造運河疏通，工商業自然蓬勃發展。往昔，威尼斯在歐亞交通上雄霸一時，從歷史來看，大阪當然會成為關西方面的商賈出入關口。如今，其勢力日益擴張，逐漸掌握東方貿易的霸權。

對於曾到威尼斯旅遊的人來說，中世紀傳下來的貢多拉，是緬懷過往時光的上好材料。半個世紀以前，大阪也曾經飄著類似貢多拉的平底柴舟。在藝術方面不及貢多拉，更像是為了實用目的打造的船隻。德川時代，往返於伏見[4]及天滿橋[5]的三十石船[6]，正是它的放大版，不禁使人想起維新前的交通，曾是多麼緩慢。

還有一首歌謠，

「淀川三十石，上下行河面，攬客忙不停，來一碗吧？來一碗吧？咚咚咚，咚咚咚咚咚」

我年幼時，曾經往返伏見。搭乘三十石船或櫓槳前進，或以繩索牽引，視河水情況併用。花上一整夜在伏見、大阪之間來回，在現今這個由電車、火車構成運輸網的快速時代，應該無法想像如此緩慢的交通工具。然而，從那時起，人們就提倡這種餐船[7]的攬客聲，才是所謂的大阪精神。

餐船是載運餐點，有斜屋頂的柴舟。在河裡靜候三十石船上門，向乘客兜售點心、酒類。大叫：

「牛蒡味噌湯、紅豆麻糬，來一碗吧？來一碗吧？來份壽司捲吧？來杯酒吧好嗎？還是窮得吃不起啊？」

我在船裡，揉著惺忪睡眼，總覺得這人太蠻橫了，誰要跟你買啊。用微弱的燈光照亮販子一看，是個滿臉皺紋的老翁，淌著鼻水，把船貼在三十石船的側面，開始交換起商品及金錢。以一種一旦握住錢就不會輕易放手的態勢，大聲呼喊：「來一碗吧？來一碗吧？」半夜飢腸轆轆之時，就算厭惡那呼喊聲，也不得不買。聽到最後那句窮得吃不起，英雄氣慨也無用武之地，只能乖乖買單。如此強調金錢的價值，透露出大阪當時的精神。差不多是有錢能使鬼推磨，金錢打動不了的，就別理他。不懂得錢的價值，沒辦法在社會走跳。不會打算盤的人，絕非同道中人。大阪人的氣慨，在德川嚴格執行各項命令之時，仍然毫無忌憚地說這些話，相傳是一段與家康有關的祕史，無論如何，最早獲得此一特權的餐船老翁，肯定不是普通人物。

搭乘三十石船，從伏見順著淀川而下，接近大阪時，並沒有什麼足以辨識的目標。現在接近枚方[8]時，可見巍然聳立的天守閣，指出那裡是大阪。在夏之陣，[9]燒毀的天守閣重建之後，又毀於一場雷火，兩百六十多年間，化為廢墟，直到昭和年代才得以重建，令人遙思太閤[10]當時的偉觀。同時，採用不會輕易燒毀的鋼筋水泥建築，第三座天守閣，肯定能流芳百世。太閤地下有知，應該也會含笑九泉吧。聽說重建費用高達四十七萬日圓。除以每日參觀人數，不出數年，就能回本。從這裡可以窺見大阪人的高明手腕。儘管暫時支出一筆錢，也不會白白浪費，即使將來在天守閣之下，重建過去廣大的城堡，也是綽綽有餘。大演習[11]之際，探照燈照亮黑夜中的天守閣，呈現莊嚴壯麗的姿態。描繪出大阪市的空中樓閣，宛如海市蜃樓一般，飄浮於半空中，天守一角宛如太閤重臨，俯瞰大阪市的繁華。天守閣，正是大阪市之偉觀。

由天守閣瞭望，可以看清大阪鄰近縣市的概況。和半世紀前相比，都市的擴張十分顯著。幾個月前，最礙眼的就屬幾百根煙囪吐出的黑色煙浪。目前大部分都裝上防煙裝置，煙霧已經不像從前那樣遮蔽視線了。山河的位置依然維持原來的樣貌，人家櫛比鱗次，南起堺市，西至神戶，屋簷連成一列，已經分不清那邊是大阪的邊界。從前，清盛[12]看上摩耶山麓的勝地，將京城遷至福原[13]，安治川[14]口一帶，應該就是詩歌吟詠的難波江蘆葦叢吧。如今，在新淀川堤防附近，只剩下少許殘骸。如此一般，當各市合體之後，彼此之間的交通愈來愈頻繁，大阪附近建立起日本最發達的電車、巴士、火車網路，往來便捷，互通有無，設備漸趨完備。從天守閣之上，可見一斑。太閤規畫的壯大版圖，終於大規模地完美實現。

說起大阪的觀光，就會想到心齋橋筋、堺筋、道頓堀、千日前、各種百貨公司與戲院，然而，如果忽略城市的大動脈——為數眾多的運河，則看不見都市的真髓。只要搭乘汽艇，從毛馬閘門沿著安治川下行，觀賞天保山、築港，再從木津川口逆流而上，一直來到土佐堀邊，即可得知大阪的概況。駕駛汽艇，眺望左右的高樓大廈，旁邊來了一艘捲起白色浪花的遊艇。還有滿載著貨物，悠然上下行的團平船[15]。有些船隻差點撞上其他船，連忙掌舵，擦身而過。船隻密集，恰如熙來攘往的大馬路，在安治川及木津川行進時，總是十分混亂。不過沿岸的倉庫比鄰相接，還有市場、各種工廠，以及看似原始住家的破房子。破房子裡，洗好的舊衣服毫不介意地隨風擺動。映入眼簾的景色千差萬別，令人應接不暇。這時，卸貨區將會稍微引起你的注意。受到潮汐的影響，團平船集團若是彼此碰撞，恐怕會有毀壞的風險，於是串起幾條汽車的舊輪胎，掛在船舷，緩和接觸時的撞擊。這是其他地方看不到的廢物利用巧思，大阪的船長如何運用機智，也是值得觀察的地方。在築港，還沒見過一萬多噸的船隻。因為運河與港口彼此相連，所以會直接把貨物卸在貨船上，再由專人送到陸上的指定地點。此舉可以壓低運費，實現運河的妙用。因此，築港的棧橋專供乘客使用，乍看之下，可發現此與歐美卸貨專用的棧橋不同。由於卸貨十分方便，大阪再也不需要利用神戶港做為物資集散地，不禁令人感到孤城落日之勢。大阪的水利已經超越我們的想像，保留經濟的價值。

大阪市的計畫穩定發展，近年工商業更有顯著的發展，每個人都認為應該有個類似太閤常勝軍旗幟上的千成葫蘆標誌。不過，過去那種刀劍相向的時代已經過去了，和平的戰爭卻不斷發生。實際上，大阪製造、輸出的商品，除了東方市場之外，甚至廣及南北美洲，歐洲自然不消多說，還普及南洋、印度、伊朗、中國、滿洲、西伯利亞，觸手遍及全球，蓬勃發展。大阪商人所到之處，所向披靡。

相當於和平戰爭的千成葫蘆。將一個個的葫蘆串起來，化為百個、千個，成千之後，所向披靡。只需高聲一呼，即可掌握世界霸權。就像彌達斯神[16]，接觸之物，悉數化為黃金，我們可以預測，不久的將來，黃金千成葫蘆掛滿大阪市的時代即將到來。

建造黃金倉庫是否為大阪人的本能？答案為否。清代大學者俞曲園[17]曾評日本人所做之漢詩，他認為飄浪至堺與池田的廣瀨旭莊[18]乃是東國詩人之冠。其中，有一首詠百濟王仁[19]墓之詩。王仁傳來《論語》及《千字文》，是在日本播下漢學種籽的先驅。日前，人們發現其墓塚位於北河內郡的菅原村。生前講學處，也在不遠之處，因此大阪乃是漢學的發祥地。維新之前的學問，大多仰賴漢學，自從學會意義、句讀之後，漢學家所做詩文，是否成了奇怪的文體呢？此處姑且不對漢學者多做評論。到了德川時代，在日本文學史上大放異彩的近松門左衛門[20]也住在大阪。他脫離漢學的弊害，運用淵博的知識，為劇壇帶來流暢明快、五花八門的優美文章。這位作者是日本的莎士比亞，前無古人，後無來者，是值得大阪、不對，是值得日本自豪的文壇巨擘。

就科學家的立場來說，德川時代，以獨特見解進行研究的大阪學者，首先要推麻田剛立[21]。他從豐後[22]來到大阪，為天文研究鞠躬盡瘁，由於文件佚失，如今已經無法判定他的成績。然而，他對行星運行的觀察，已經達到克卜勒定律的水準。不過，克卜勒乃是利用布拉赫的研究結果，完成定律，在困難度方面，兩者天差地遠。後來，其弟子高橋至時[23]（純大阪市民）、間重富[24]實行寬政改曆，至時甚至熱心研究測量子午線弧之事，可以推斷其核心仍然基於麻田的教誨。後來，至時改變方針，參與伊能忠敬[25]的日本全國測量計畫，在百餘年前完成這件大事業。仔細玩味這段過程，至時肯定也是一位非凡的天文學家。至時之子景保，承襲父親的事業，精通天文學，同時研究當時盛行的韃靼語，在德川時代，是此道的最高權威。這名早在一世紀之前，就想將蒙古納入皇國勢力範圍的卓見家，實為大阪出生的好漢。然而，他的名氣在大阪並不響亮。應該是所謂的「當局者迷」吧。

除此之外，我們也不能輕忽河村瑞賢[26]整治安治川，開鑿安井道頓的運河等工程方面的功績。還有緒方洪庵[27]發揮教育學家的高明手腕，還出了眾所皆知的福澤諭吉[28]、橋本左內[29]。也就是說，大阪市達成學者的志願，洋溢特殊的魅力。學者也不甘於埋首註譯經史，當個迂腐的儒學者，而是投注心力，運用獨創的見解，啟發蓬勃的學問。我想這應該反映了大阪的地緣關係。

大阪是日本的金庫，這是顯而易見的事實，不過，它是否累積了穩固、無可動搖的基礎？這事仍然值得存疑。如今依然有人相信天王寺的多聞天將福德灑至全市，這不過是迷信罷了。安放多聞天的殿堂，不也曾在地震中倒塌嗎？要是沒有穩固的地基，任何事業都會動搖。在現代這個劇烈變動的時局裡，我們必須穩固根基，才能繼續前進。早年，在大阪市設立最高學府時，市民同心表示共鳴，表明應大興工、商業的基礎——科學，以及應用的工學，為大阪市的未來，賦予更確實的可能性。若是一如往昔，致力於模仿、投機的精神，以使本市安定，也許有些跟不上時代之感，如今，我們卻能排除這樣的隱憂。吾人深信，若能秉持愛國、努力、創新的觀點推進，大阪勢力將在海內外發揮日本智慧財庫的本質，永享榮耀。願大阪市幸福，天長地久，綿延不絕。

昭和八年[30]一月刊載於《大阪朝日新聞》

長岡半太郎・ながおか　はんたろう・一八六五—一九五〇

◎作者簡介

長岡半太郎・ながおか　はんたろう

一八六五—一九五〇

物理學者。出生於長崎縣大村市。東京帝國大學理學部畢業，一八九三年前往柏林、慕尼黑等地進修，後返回日本於帝大擔任教職。一九〇〇年出席巴黎第一屆國際物理學家會議，會上受居禮夫人啟發而將研究興趣注重在原子物理學上，四年後提出早期的土星原子模型概念而聞名於世，同時也活躍於光譜學、地球物理學等多領域，大幅提升日本物理學在國際間的水平與知名度。一九三一年出任大阪帝國大學（現大阪大學）首任校長，一九三七年獲日本文化勳章。

譯註1　二五七—三九九，日本第十六代天皇。
譯註2　五七二—六二二，用明天皇的第二皇子，後輔佐推古天皇。
譯註3　一四一五—一四九九，淨土真宗僧侶。
譯註4　京都。
譯註5　大阪。
譯註6　容積三十石的船隻。
譯註7　由於三十石船的乘客無法中途下船，販售餐點、水酒的小船順勢興起，靠近時總會大聲吆喝「來一碗吧」。
譯註8　大阪地名。
譯註9　一六一五年，德川軍與豐臣軍的戰事，此役之後，德川取得天下。
譯註10　豐臣秀吉，一五三七—一五九八，日本武將。
譯註11　昭和七年，日本於奈良、大阪一帶進行的陸軍大演習。
譯註12　平清盛，一一一八—一一八一，平安時代的武將。
譯註13　位於今兵庫縣。
譯註14　淀川的舊稱。
譯註15　一種平底、寬敞的船，通常用來輸送石頭、木材、炭、泥砂等重物。
譯註16　希臘神話中，點石成金的國王。
譯註17　俞樾，一八二一—一九〇七，考據學家。
譯註18　一八〇七—一八六八，儒學家、漢詩人。
譯註19　生卒年不詳，相傳於應神天皇年間，由百濟赴日。
譯註20　一六五三—一七二五，淨瑠璃、歌舞伎的劇本作者，代表作有《曾根崎心中》、《國姓爺合戰》。
譯註21　一七三四—一七九九，天文學家。

譯註22 日本的舊制行政區，相當於今大分縣中、南部。

譯註23 一七六四—一八〇四，天文學家。

譯註24 一七五六—一八一六，天文學家。

譯註25 一七四五—一八一八，天文學家。

譯註26 一六一八—一六九九，土木事業家。

譯註27 一八一〇—一八六三，醫師、荷蘭學家。

譯註28 一八三五—一九〇一，啟蒙思想家、教育學家。

譯註29 一八三四—一八五九，思想家。

譯註30 一九三三年。

大阪町人與學問

內藤湖南｜ないとう　こなん

如此這般，在享保年間，大阪的學問成了平民的、民眾的學問。在這段期間，無論是京都還是江戶，都能發揮難能可貴的學問特色，即使大阪身為一個經濟都市，也是一個比江戶、京都還優秀的時代，因此才能發展別處看不到的平民化特色。

關於大阪町人的學問，我的朋友幸田成友[1]等人，曾經進行十分詳細的調查，也記載於大阪市史之中，在這裡，我想要說的是大阪町人與學問的關係，只不過是申述我個人的考察。關於以下的內容，我曾在懷德堂[2]談過山片蟠桃[3]，下次則會聊聊富永仲基[4]，土屋元作[5]也曾經詳細探討過橋本宗吉[6]，這些人全都是大阪的町人學者，在這裡，我要陳述的是一般、通俗的看法。

相信不用我多說，大家都知道，近代的大阪首度發展成大都會，始於豐太閤，豐臣氏不久就過世了，後來的大阪在德川幕府時代發達。德川時代的大阪，雖然是重要的地點，卻不是幕府的首都，只是以經濟都市、商業都市之姿，被人們視為重要的城市，然而，這座商業城市，卻對當時的文化有許多貢獻。元和元年[7]，豐臣氏逝世後，儘管大阪確實有些學問，卻不是德川時代從商業出發的學問，而是基於豐臣以武家創建大都會後衍生的學問。如今，不管是學界還是社會大眾，都沒注意到這段時期，值得注意的是，漢學來自這個時期的大阪。這時有如竹散人[8]，此人繼承了足利時代[9]的正統宋學。在他的薩摩國[10]，有一個有名的僧侶文之[11]，他是為《四書》[12]加上訓點[13]的始祖，據傳就連那位藤原惺窩[14]都盜用了文之的作品，如竹繼承了文之的學問。這位如竹生於大隅[15]的屋久島，曾出版文之訓點的《四書》一事，亦為有名的事跡。明治、大正時代，西村天囚[16]正好於大阪復興漢學，他也生於種子島[17]，隔壁島出了如竹，雖然如竹未在大阪復興漢學，對大阪的學問也有重大的貢獻，只能說是十分不可思議的緣分。不久，如竹離開大阪，天囚卻在大阪待了三十年，直到最近才離開大阪，難道是因為西村的學問不適合大阪嗎？與其自己找原因，我想詢問大阪的各位，會得到更適切的答案。

根據幸田的大阪市史，大阪早期的漢學家，大多都是兼職的醫生。如古林見宜[18]、北島壽安也兼營醫生，這個情況不只發生在大阪，當時一般的漢學者要討生活，通常都靠行醫，等到有能力衣食無虞地研究學問時，這才改成兼差，直到伊藤仁齋[19]之時，甚至還探討兼差的是非，於是，我們得知大部分的漢學者都兼差行醫。前面提到的學者，都不是在這個商業城市大阪土生土長，栽培出來的學者，後來又有很長一段期間，都沒能持續栽培學者。

大致來說，要等到元祿之後，文化才在大阪興盛。這情況不只在大阪，江戶亦同，元祿以前，江戶也沒能孕育自己的學問，都是從京都輸入的學問。過了德川中期，江戶也出了樂曲家及戲劇演員，元祿之前，都是由京都輸入的。京都的艱澀硬學問並未輸入大阪，我想這是因為大阪當時根本沒有能讓學問輸入的環境，淨瑠璃[20]、戲劇、樂曲等輕文化，仍然由京都輸入。總而言之，元祿之前的大阪學問，相當無趣。商業方面，則出了藏屋敷[21]、兩替屋[22]，商業活動非常熱絡，學問則與商業相反，幾乎不見蹤跡。

元祿之後，大阪仍未出現符合當地的硬學問。軟文化，也就是平民文學率先興起，西鶴[23]等人即為代表。大阪身為町人之都、經濟之都，平民文學成了它的特色。西鶴的作品通常都是淫奔之作，站在當時的角度，再用今天的話來說，就是解放的文學。西鶴之前，也就是足利時代流傳下來的草紙[24]，多半為神話之類，十分古典。中國漢朝流行「賦」，在賦之前，彙集了各人的自豪之物，以有趣的字句撰寫，足利時代的御伽草紙多半與賦差不多。他的《淨瑠璃十二段草紙》[25]都是古典作品，一直持續到德川時代。即使後來應用到人偶劇及古淨瑠璃[26]上，仍然採用這種格式。就這點來說，西鶴的作品不受傳統格式的限制，勾起當時人們的興趣，即使缺乏古典的智識，仍然可以理解。用現在的觀點來說，西鶴的作品不是很容易理解，但是他巧妙地融入當時的俗語、諺語、比喻及其他用語，在當時可謂是從傳統的限制之中解放。因此，後來才能發展出義太夫節[27]的近松淨瑠璃。近松門左衛門[28]同時具備古典及解放的兩種文學，即可窺知那個時代及文學的傾向。享保[29]之前，近松的淨瑠璃走的是古典路線，稱為時代物[30]，也有中國的人物，如他的《國姓爺合戰》，這場戲前後上演約三年的時間，依然十分流行，《國姓爺後日合戰》推出時，已經不如之前的熱烈，於是，近松心念一轉，寫起世話物[31]。他之前也持續寫過少量的世話物，享保初年之後，才轉為以世話物為主。如此這般，從此人一生之中的作品傾向（由古典到解放），即可看出大阪文學的變化。以上是軟文學的部分。

硬學問方面，國學部分必須先舉出契沖阿闍梨[32]。契沖之前則有下河邊長流[33]。他以古典為目的，卻用了解放的研究方法。大致來說，這時的國學，尤其是歌學[34]，沿續足利時代，未經家元[35]許可，什麼也不能做，要是採用與家元不同的做法，則會立刻被逐出門派，學問的研究，受到許多的限制。用今天的觀點看來，這是智識階級的自衛方針，為了擁護自己的學問，不容輕易解放。不管是德川時代，還是今日，人們仍然尊崇這種受到限制的學問研究方式，絲毫沒有解放的想法。在此之前，江戶有梨本茂睡[36]，偏向解放的歌學，對抗二條冷泉家[37]，但在日本國學史的地位上，終究不及契沖阿闍梨。二條冷泉家認為教授《古今集》[38]是自己的專利，對此事感到十分不愉快，不過下河邊長流及契沖則解釋該流派較不執著的《萬葉集》[39]，正好利用這條捷徑，從事解放的歌學，在二條冷泉家之外，建立自己的主張。這是研究方法的來歷，其他還有已逝的先達，法學博士兼文學博士的有賀長雄[40]，他的祖先有賀長伯[41]一家，也從事歌學的研究。他讓大阪的庶民也開始創作達官貴人的和歌，後來，庶民也開始研究屬於達官貴人的國學，除了和歌之外，就連庶民都從事屬於達官貴人的蹴鞠[42]。雖然這不是研究方法的解放，而是讓庶民從事達官貴人的娛樂，畢竟他把貴族的學問解放到民間，促成大阪的文化發達，這是不可遺漏的事實。這件事大約發生在元祿時代，就日本全國來說，這件事對於學問的進步，並未造成重大的影響，對大阪來說，卻是不可遺忘之事。

漢學則稍晚一步，始於享保年間，自從懷德堂始祖三宅石庵[43]在大阪講學，過去並不是沒有學者講學，不過這才是真正基於町人的要求，興起的漢學發源。人們稱石庵的學問為鵺[44]學問，既不是朱子派，也不是王陽明派，融合了朱子及王陽明的學說，由於町人的要求並不是朱子，也不是王陽明，只要修養德行即可，因此石庵的學問大受歡迎。與他一同開設懷德堂的五同志，皆為大阪的町人，既然這些町人的要求是修養德行，主要研究經學[45]，對詩、文方面並無要求。當時的漢學，大致是這樣的程度。道明寺屋吉左衛門（富永芳春）訂定懷德堂的規約，根據他的規約，若父親為學堂校長，原則上其子絕對不可擔任校長，若父親將校長之座讓予他人，爾後其子學業表現良好，即可將已讓予他人的校長之位，傳給其子，總之，排斥血統的繼承，和現在禁止留任及連任的選舉制度相比，相映成趣。後來，懷德堂的這條規定愈來愈寬鬆，兒子可以繼承父親的事業，然而，在甫創立的五同志時代，這是絕對不容發生的情況。如此這般，懷德堂的組織避免了門閥士族的發展，相當接近平民，也是解放的組織，自此之後，漢學真正在大阪奠定根基。道明寺屋吉左衛門經常使用假名，除了漢學之外，對書法似乎也略有研究，對於打造大阪學問的基礎一事，貢獻了不少心力。吉左衛門之子——富永仲基的學問，風格也十分開放。前面也提到，三宅石庵的學問並不是朱子，也不是王陽明，對於町人來說，是方便好用的學問，不過，町人學問真正採用批評的角度來思考漢學，則是由仲基打下的基礎。

仲基對於佛教也留下不少造詣深厚的著作。仲基先在著作《說蔽》中，批評儒教，又作《出定後語》批判佛教，為撰寫《說蔽》，遭到其師三宅石庵逐出師門。此外，仲基又在著作《翁之文》中，發表他對於國學的意見，不幸的是，《翁之文》及《說蔽》皆已失傳，如今不得而見。《翁之文》大概還能循線索搜尋到部分內容。若此三本著作能齊聚一堂，也許能為仲基舉辦一場祭典。總之，仲基身為町人，卻通曉儒、佛、國學，不得不令人敬佩萬分。在《出定後語》中，他評論學問應與國家對應，天竺[46]為幻，中國為文，實為真知灼見，《翁之文》大概也有他對國學的卓見吧。然而，富永一家不只出了仲基，其弟蘭皐去了池田一個叫荒木的人家當養子，當時荻生徂徠[47]的門生田中省吾隱居於池田，蘭皐似乎受到他的教誨。如此這般，富永一家的父子三人皆為學者。相傳《出定後語》是仲基待在黃檗山[48]協助校對藏經之際，閱讀藏經後撰寫的作品，從古至今，閱讀過全部藏經的僧侶絕非少數，然而，卻沒有其他人擁有仲基的真知灼見，說是因為他將藏經全數讀畢，才能寫下《出定後語》這般偉大的著作，是僧侶們基於偏見，不足採信的狂言妄語。大致上，印度佛典的字裡行間，並沒有時間及空間的觀念，仲基在《出定後語》中，配合歷史加以解讀，只能說是令人敬佩，我們甚至能說仲基是研究佛教發展歷史的學者。僧侶們認為仲基曲解了佛教，仲基的佛學並非如此，他研究的是佛教發展的歷程，只要讀過他的著作便一目了然。雖然仲基研究佛學，他的研究卻是從漢學著手，並未考慮他的學問對大阪的町人是否有利，完全是超越時代與歷史的觀點。因為出了這些學者，大阪的學問終於轉移到平民手裡，這是出於偶然的解放結果，應該沒有其他深刻的原因。

除此之外，佛學者還有難波的鐵眼和尚[49]，有名的《黃檗藏經》全是出於鐵眼一人之手，當然也有部分大阪町人的援助，才能完成這本著作。在中國，北宋的太祖、太宗時完成的藏經皆為官版，已有部分逸失，如今無法窺其全貌。前幾年，好不容易在南禪寺尋獲一冊，幾乎無緣得見。後來，蘇東坡之時，也就是神宗之後，也有在民間喜捨之下出版的藏經，其一為浙版，另一為福州版，分別由東禪院版及開元寺版繼承。日本到了這麼晚才出版藏經，鎌倉時代的元寇來襲[50]時，原本打算出版藏經，卻未能完成，後來，歷經南北朝時代，才出版五部《大乘經》。然而，這也是由於武家[51]的後援才能付梓，此外，天海僧正[52]也曾出版藏經，這也是在德川幕府的資助下完成的，在中國，民間已經於北宋末期自行出版藏經；在日本，鐵眼的《黃檗藏經》才是首度由民間發行的出版品。同時，鐵眼的《黃檗藏經》是正方形的線裝書，形式與明朝萬曆年間出版的藏經相同，過去都是折頁本藏經，寺院在保存時並無不便，新版本之所以能廣為流傳，肇因於折頁本佔空間、閱讀不便，將它裝訂為線裝書之後，對於藏經的流傳，應該有不錯的效果。黃檗的鐵眼版並非鐵眼在世時完成的，不過卻是由鐵眼完成這個計畫。如此這般，由於大阪町人的援助，再加大阪僧人鐵眼完成的藏經，就連富永仲基等人，都能輕易翻閱藏經。

鐵眼逝世於元祿以前，其後進行佛學新研究的人是葛城[53]的慈雲[54]尊者（之前住在中河內[55]的高井田）。此人是真言律宗的僧侶，卻不受到任何宗旨的束縛，提出幾乎統一各宗的嶄新見解，還有整合梵文研究的功績，對於日本的佛教新研究，乃是重大關鍵，此人活躍於寬政[56]時代。

如此這般，在享保年間，大阪的學問成了平民的、民眾的學問。在這段期間，無論是京都還是江戶，都能發揮難能可貴的學問特色，即使大阪身為一個經濟都市，也是一個比江戶、京都還優秀的時代，因此才能發展別處看不到的平民化特色。

儘管後來無法如願發展，在此地發祥的國學移往他處，諸如淨瑠璃的通俗文學，其價值也逐漸下滑，人偶戲也只有人偶發達，淨瑠璃的詞句粗俗、拙劣；漢學方面，懷德堂長期以來的學問系統走上門閥化，懷德堂本身也衍生出各種門閥派系。此時正好是狙徠學[57]興盛的時期，懷德堂必須固守朱子學，然而，懷德堂少了創設初期的氣慨，有別於過去，修習漢學無法再侷限於修養德行，也開始教導詩文了。中井竹山[58]雖為絕世少見的偉人，思及他當時利用幕府的背景，可以說懷德堂想成為政府許可的官學，意欲爭取教學機構的頭銜。於是町人逐漸集結為門閥，結果失去當初的氣慨。

後來又出了山片蟠桃、鴻池的伊助（又名草間直方）[59]，蘭學[60]則有知名的橋本宗吉等町人學者。蟠桃音同番頭[61]，伊助也不是大阪町人的檀那眾[62]，而是番頭，從童工做起的學者。

當時的檀那眾已經形成門閥，他們恐怕連做生意的本事都沒有，也不精進學問，凡事都交給下人去做，因此，文化的中心也集中在下人身上，經濟大權也移到童工及番頭手上，學問也以下人的學問告終。這是享保之後特別顯著的大阪學問系統。

自從町人形成門閥之後，興起的檀那眾學問代表人物是木村蒹葭堂[63]。蒹葭堂是酒店的老闆，不過此人的學問與買賣毫無瓜葛，亦不是為了修養道德，全是出於興趣，蒐藏各種文物，結果歸納成一門學問。大阪也出了各種學問，出了各種學者，大部分都是依循上面的方式來的，雖然本文標題為〈大阪町人與學問〉，也能窺見部分的大阪文化史。

明治以後，出現完全不同的變化，德川時代以大名（編註：日本古代封建領主的稱謂）為對象進行的各種買賣，如今全都滅亡了，大阪邁入新的時代，從時代的觀點看來，現在的大阪相當於桃山時代[64]至寬文[65]、延寶[66]時期的大阪，從時代的文化方面來說，現在是大阪的黑暗時期。檀那眾，也就是如今的資本家，出不了什麼學識淵博的人，同時，下人也出不了什麼大學者。倘若硬要舉出明治時代的大阪學問代表，應該是大阪醫科大學吧，德川時代初期，大阪的學問由醫生兼營，若說大阪醫科大學是當前大阪的學問中心，正好與當時相仿，這也是個有趣的對照。

說起德川時代的大阪檀那眾典型，我想應該是已逝的平瀨龜之輔[67]，據聞，無論問平瀨什麼，他都不曾回答：「不知道。」若是問起他的生意，他則一無所知，雖然平瀨家的生意表現平平，聽說當時靠著與生意完全無關，只是出於娛樂藏的古董，打平生意上的損失。我有幸認識這位德川末期町人門閥家的代表人物——平瀨氏，今後，在明治、大正之後，我今生是否有緣在全新的大阪，見到有學問的町人典型現身呢？我萬分期待，希望能儘早相見。

大正十年[68]某月，於大阪的演講

◎作者簡介

內藤湖南・ないとう　こなん

一八六六—一九三四

東洋史學者、日本中國研究開創者。本名內藤虎次郎，號湖南。出生於秋田縣鹿角市。自秋田師範學校畢業後上京，擔任《大阪朝日新聞》記者，以及《台灣日日新報》前身之一的《台灣日報》主筆等，專注於論說中國問題。四十歲前活躍於新聞界，後赴京都帝國大學（現京都大學）任教，致力於東洋史研究，並將課堂講義結集成冊，出版《中國上古史》、《中國史學史》及《近世文學史論》等重要著作，並建立了獨特的中國史時代區分理論聞名後世。一生中曾十次訪華，遊歷中國期間結交了王國維、羅振玉、劉鶚等人，對其中國研究影響深遠。

譯註1　一八七三—一九五四，歷史學家。
譯註2　一七二四年，由大阪富商創立的教育機構，二次大戰後由大阪大學接管。
譯註3　一七四八—一八二一，大阪商人兼學者，通稱升屋小右衛門。
譯註4　一七一五—一七四六，大阪的町人學者、思想史家。
譯註5　一八六六—一九三三，記者。
譯註6　一七六三—一八三六，荷蘭醫生、荷蘭學者。
譯註7　一六一五年。
譯註8　泊如竹，一五七〇—一六五五，儒學家。
譯註9　一三三六—一五七三，室町時代，由足利將軍家統治的時代。
譯註10　今鹿兒島。
譯註11　文之玄章，一五五五—一六二〇。
譯註12　《四書章句集注》宋代朱熹著，《大學》、《中庸》、《論語》、《孟子》等四書的重要注本。
譯註13　在漢字旁加註假名及標點，方便閱讀。
譯註14　一五六一—一六一九，儒學家。
譯註15　鹿兒島縣的大隅群島。
譯註16　一八六五—一九二四，記者。
譯註17　同為大隅群島。
譯註18　一五七九—一六五七，醫生。
譯註19　一六二七—一七〇五，儒學家。
譯註20　三味線伴奏、太夫說唱的表演。
譯註21　江戶的大名為了販賣貢米、特產，興趣的倉庫兼宅邸。

譯註22 江戶時代各式貨幣流通，兩替屋即為收取手續費，幫忙兑幣的商人。
譯註23 井原西鶴，一六四二—一六九三，浮世草子、人形淨瑠璃作者，代表作《好色一代男》。
譯註24 有大量插圖的通俗小説。
譯註25 描寫源義經與淨瑠璃公主的故事，據説是最早的淨瑠璃。
譯註26 初代竹本義太夫之前的淨瑠璃。
譯註27 由竹本義太夫創始的淨瑠璃。
譯註28 一六五三—一七二五，淨瑠璃、歌舞伎作者。
譯註29 一七一六—一七三六年。
譯註30 主要描寫古代的武家故事。
譯註31 以當時的生活、習俗為中心的故事。
譯註32 一六四〇—一七〇一，國學者，阿闍梨為佛教用語，意為導師、上人。
譯註33 一六二七—一六八六，國學家。
譯註34 和歌研究。
譯註35 日本技藝的世家，或指世家的家主。
譯註36 戶田茂睡，一六二九—一七〇六，歌學者，梨本為字號。
譯註37 二條派為日本中世的和歌流派，冷泉家始於冷泉為相，一二六三—一三二八，承襲保守的作風。
譯註38 《古今和歌集》，日本最早的敕撰和歌集，約於九一四年編成。
譯註39 日本最早的和歌集，收錄四—八世紀的長短歌。
譯註40 一八六〇—一九二一，日本首位諾貝爾和平獎候選人。
譯註41 一六六一—一七三七，歌學家。
譯註42 平安時代流行的踢皮球競技。

譯註43　一六六五—一七三〇，儒學家。
譯註44　傳說會在夜間出沒的妖鳥。
譯註45　解釋經書的學問
譯註46　印度。
譯註47　一六六六—一七二八，儒學家。
譯註48　宇治的黃檗山萬福寺。
譯註49　鐵眼道光，一六三〇—一六八二，臨濟宗黃檗派禪師。
譯註50　一二七四及一二八一，蒙古帝國兩度進攻日本。
譯註51　武士家族。
譯註52　一五三六—一六四三，德川家康重用的僧侶。
譯註53　奈良西南部。
譯註54　一七一八—一八〇五，真言宗僧侶。
譯註55　大阪東部。
譯註56　一七八九—一八〇一。
譯註57　荻生狙徠提倡的儒家思想。
譯註58　一七三〇—一八〇四，懷德堂第四代校長。
譯註59　一七五三—一八三一，商人，學者，通稱鴻池屋伊助。
譯註60　經由荷蘭傳入日本的歐洲學術、文化、科技。
譯註61　掌櫃。
譯註62　資本家。
譯註63　一七三六—一八〇二，文人、本草學家。

譯註64　一五七三—一六〇三。

譯註65　一六六一—一六七二。

譯註66　一六七三—一六八一。

譯註67　一八三九—一九〇八，企業家，設立第三十二國立銀行。

譯註68　一九二一年。

輯二　相遇的那些人

雪夜

織田作之助｜おだ　さくのすけ

松本還是靜不下來，說個不停，像是「大阪變了不少，你一定不知道現在有地鐵了吧？ 對了，你也不知道赤玉的紅磨坊，現在可不轉了」。坂田也附合他的話，「這樣啊，我也想回大阪瞧瞧。」兩人一直是有一搭沒一搭地聊著。

除夕那天下著雪。一大早就開始下了，當大阪開來的船舶抵達時，已經演變為鵝毛大雪。到了夜裡，雪還未停。

嚴寒之時，通常會下起這樣的雪，不過一年頂多兩次。這一帶是溫暖的地方。溫泉旅館的女服務生對客人說：「這種雪很少見。」就連人潮洶湧的流川通，雪都積了一寸深。女服務生搓著凍紅的手，說：「在除夕夜裡，那些攤販真是可憐。」泡溫泉的客人都是處境不錯的人，打算在溫泉過新年。「雪快點停吧。」年輕的女服務生帶客人到大浴場，順便從櫃台的窗口，看了流川通一眼，她沒買到明年的日曆。

每年除夕夜，領到薪水之後，她都會去買占卜運勢的日曆。這個夜裡，每年都會來的日曆商卻沒來。厚重的雪下個不停。她關上窗戶，「好冷啊。」露出好似死心的表情。就連賣注連繩[1]的和賣橘子都沒來。幫人家畫肖像的、做黏土雕塑的，今晚不知道有沒有來呢？

然而，流川通仍然川流不息。大雪之下是具都會風情的柏油路，誠如白天行駛於其上的龜井巴士[2]女車掌所言，「這裡是別府[3]的道頓堀[4]。」舉凡藝品店、舶來品店、餐廳等，幾乎每家店面都還發出皓皓明光。

靠著店家的光線，這些攤販不需要蠟燭，也不需要電池。在比利肯[5]咖啡前，來了一個算命師。今晚他也來了。他把粗油紙傘綁在櫃台旁邊，用來避雪，不過黑色斗篷已經一片花白，就連眉毛都不爭氣地濕了。他像一尊雪人，動也不動，只有目光來回張望，一臉落魄。路上的行人很少，在這種時刻出門擺攤，實在很辛苦。不過，今天可不是尋常的日子，他無精打采地待在大雪之中。今天是除夕。

然而，位於比利肯三樓的舞廳，留聲機仍然不間斷地唱著。不曉得是不是路上行人比較少的關係，反而能隱約聽見樂曲聲。這裡也沒有客人。莫約一小時前，當地旅館的少東穿著皺巴巴的和服外套與便服過來，披著白色絹絲圍巾跳舞，他離開之後，再也沒有客人上門了。連路過進來看一眼的人都沒有。聽說新年的泡湯客非常多，甚至有客人再三請求，說是住服務生的房間也無所謂，怎麼會這樣呢？三名舞孃低聲交頭接耳，一副落魄樣，不停發抖。

有一陣子，因上海淪陷的關係，來了十五名舞孃，如今愈來愈少，只剩下三個當地人了。今年初，經紀人好說歹說，要舞孃接受訓練，好不容易才把筋骨練軟了，三人卻開始考慮轉行了。報紙還登著阪神[6]的舞孃進工廠的照片。我們也想點辦法吧，今晚，三人迫切地談著，卻顯得力道不足。乾脆請算命師看看吧。

算命師突然轉動他的脖子。在他的視線之中，汽車緩緩地徐行而來。一般來說，旅館不會準備河豚，所以客人必須專程到料亭[7]，奢侈地開車前往不到三町[8]的目的地。彎進比利肯的巷子裡。

不久，三輛人力車載著客人叫到料亭的女子，駛進小巷。女子們穿著在黑漆上描繪花朵圖案，以皮革包覆腳趾的厚底木屐，島田髻[9]看來十分寒冷。蛇目傘[10]立在膝側。

過了兩個小時，女子們與客人一起撐傘走出來。一行共五人，其中四人是女性，有個人的衣襬特別短，大概是大老遠跑到大阪，帶客人過來的吧。客人享用河豚，暖了身子，滿臉油光，只穿著鋪棉的外衣，沒再披外套。他有一只大鼻子。

見了他的臉，算命師呵欠才打到一半就止住了。只見他的表情僵硬，失去血色，痙攣著。客人也看到他，一臉訝異。對方直盯著他，本來似乎只打算從他身邊走過，後來又改變心意，湊過來，用僵硬的聲音，以大阪口音說：

「好久不見。」

一同撐傘的女子，雖是當地人，立刻臨機應變，也用大阪腔。

「欸，是您認識的人嗎？」

客人說：

「對，是老朋友。」

……他看來不像需要顧忌女子的窮上班族。聲音渾厚。算命師立刻分辨出他現在的身分，更是自慚形穢，安靜地跟鉛塊一樣。

「喂，坂田君，是我，我是松本啊。」

你忘了嗎？對方正要伸出手來拍他的肩，算命師嚇得一縮，好不容易才擠出一絲聲音說：

「五年不見了。」

我怎麼可能會忘記你。他抬頭看著松本的臉，幾乎想努力把他忘掉。因為職業的關係，這姿勢有點像在給客人看面相，想到這是讓自己痛苦的男人，心裡怎麼也不能安穩。對方的眼球像是濕濡的淺褐色，眉頭眉尾都粗黑茂密，宛如西方人的相貌，那威風凜凜的模樣，與五年前絲毫無異。就連眼尾的皺紋都惹人厭。「唉，瞳怎麼可能沒事。」他當時的想法，全都來自對這張臉的印象。

五年前。現在使用本名的照枝，當時上班時的花名叫瞳。她在道頓堀的赤玉上班。他經常光臨，如今回想起來，只覺得當時的自己十分傻氣。話雖如此，他也不是一個會流連聲色場所的人。

他繼承父親傳下來的印刷業，從早到晚都沾滿油墨，孜孜不倦地撿字，努力工作，就連牛奶廳[11]都沒去過。人們常說坂田完全不符合他二十九歲的年紀，是個少見的老實人。因為父母已經不在世，要是有人熱心地叫他早點娶妻成家，他就會勃然大怒，膚色混濁又蒼白。接到赤玉的訂單，為他們印製聖誕節的會員卡，成了他涉足赤玉的動機。

完成用銀色絲繩串起，一組七張的葉子形卡片後，他送到夜總會的辦公室，沒想到對方說：「你買一組吧，要是拒絕的話，我就直接從帳款扣。」硬逼他買下。回家之後，他拿給員工，說：「你去吧。」對方回絕了，「那可不是我們能去的地方。」既然花了七圓，拿給附近的小孩當玩具，又太浪費了，赤玉的聖誕節目，總不會叫人倒立走路吧，儘管放馬過來吧。當天，他剃了鬍子，穿上新製的大島紬[12]和服，稍微打扮一番，獨自造訪。從下味原町搭乘電車，在千日前下車，就看得到赤玉的紅磨坊。紅磨坊附近一帶的天空都染紅了，不停地旋轉，宛如地獄惡鬼的舌頭，他驚懼地望著，看到兩個入口，也不知道該走哪個門才好，在外面徘徊了好一陣子，裡面突然傳出樂隊的奏樂聲，把他嚇了一跳，他忐忑不安地衝進去，被人灌了有顏色的酒，喝醉了。

仗著用會員卡不會收到帳單，所以他也沒給小費就回家了。過了一段悵然若失的日子，他又想起那歡樂的片刻。雖然有部分的原因是基於被迫買下會員卡，他用那筆拿不回來的錢去免費玩了一場，更大的原因在於他忘不了當時坐枱的瞳。因為會員卡上有經理的印章，應該不是被女人強迫推銷的，是一位貴客吧，於是瞳盛情款待。他並不知道事後自己被當成不付小費的客人，對方還灑鹽除穢氣的事，出於自戀的心態，坂田再也管不住自己，在除夕夜當晚，他籌了一筆錢，迫不及待地出發了。

後來，他像是上了癮似地，從大年初一起，在松之內期間[13]，一日也不曾缺席，沉迷其中，到了可悲的地步。儘管他也有幾分痛苦與後悔，不過，他不再是那種不懂事、不付小費的客人了。在商業學校唸了四年書，大家都覺得他說話、做事十分拘謹，不過，他卻像個傻瓜似地，錢愈花愈多，立刻讓瞳成為第一名的紅牌。已經過了兩個月，懦弱的他，連握瞳的手都要猶豫再三。好不容易才說：「我幫妳看個手相吧。」他本來就對手相感興趣，偶爾還能說中。

出人意料的是，瞳的手乾燥粗糙，坂田卻想像著她柔軟的肩膀。眉毛也很濃密，眼皮比較厚，連白眼球看來都是黑的。耳垂肉薄，連耳根都能透光。身材高大，總是精神抖擻地穿上草鞋，連襪套都很美好。當她來到自己身旁，坂田只覺得心兒砰砰跳，自己把郵局存款全數領出來的事，早就被他拋到九霄雲外了。這陣子，接印刷工作的時候，他都要求客人付訂金，臨時缺鉛字，則跑去跟同業借用。工作老是隨便打發，訂單自然也少了。

儘管如此，當瞳跟他索討禮物時，他都會買上等的禮物。此外，他硬是湊了兩百圓，帶神經痛的瞳去泡溫泉。過了十天才回大阪。送瞳回勝山路的公寓時，她在公寓大門口對他說：「請您小心慢走。」他失望地在回家的路上吃了一碗陽春麵，幾乎身無分文，走路回到下味原的家。兩名員工在昏暗的電燈下，憂心忡忡地撿著公設市場廣告傳單的鉛字。他總算下定決心，「別再去赤玉了吧。」

不過，三天之後，他又去了赤玉，瞳卻不在，一問之下，說是「今天去了松竹座[14]」話還沒聽完，他已經慌忙趕到道頓堀，進松竹座找人。她在二樓。坐在松本旁邊。因為松本經常到赤玉露臉，他認得對方的長相。對方也是瞳的客人，所以他連名字都知道。松本的五官，眉眼一帶散發英氣，對方的相貌經常梗在他的胸口，看到現在瞳跟對方坐在一起，他感到怒不可遏，無庸置疑，兩人一定有曖昧。他當下有個想法，想要衝上二樓，把兩個人痛打一頓，卻沒有採取行動。後來，他偷偷摸摸地離開了。

第二天，他質問瞳，她說對方是老客人，邀自己出門，哪有推辭的道理。她又回答偶爾還會陪他去看電影。那種不知如何是好的心情，導致他想要進一步吸引瞳的注意，結果他終於把印刷機械賣了。他開始到處積欠債款，在赤玉結帳時，經常付不出錢。從瞳嘴角上揚的模樣推測，看到我這麼落魄，她一定覺得十分厭惡，正當他失望沮喪，打算放棄的時候，女人心海底針，實在是無法捉摸。「全都是為了我，才害坂田先生淪落到這個地步。」反而同情起他了，後來又發生許多事，「我只不過是個烏龍麵店家的女兒。」女方主動開口，於是兩人一起離開大阪這塊土地。

幸好，手邊有一筆互助會和保險的錢，尚未花用，大約一千圓左右。既然都要花了，不如帶著這筆錢，離開這個難以生存的大阪，去一趟東京吧，半路到了熱海，瞳向他坦承自己已經有了身孕。「是你的孩子。」不需要多說什麼，他也打算全盤接受，聽了這件事，他欣喜若狂，不過，聽她說了好幾次之後，他突然起了疑心，該不會是松本的孩子吧？後來，孩子流產了，這疑慮卻與日俱增，甚至比貧困的日子更令人難耐……。

發生這種事之後，他更是不可能忘記松本的長相。如今，他就在自己面前，自己根本無法平靜地面對他。坂田像是看到什麼可怕的東西，怯懦地別開視線。

這模樣，跟過去松本在赤玉見到坂田的時候如出一轍，松本也回想起當時印象深刻的往事，說：

「這樣啊。已經五年了。時間過得真快。」

又連珠砲似地說：

「那個……她還好嗎？」

是瞳……察覺之後，坂田幾乎快要說出自己為了她才會淪落到這個地步，仍然說：

「嗯。我們過得很好。你是指照枝吧？」

他好不容易才得意地說，兩人過得十分融洽。同時也說給自己聽。照枝對我可是無微不至呢，儘管現在日子過得很苦，我卻一點也不難過。結果，照枝還是成了我的人，松本先生，您說對吧？……松本是否能理解我這麼自豪的心情呢？

「這樣啊。真是太好了。」

松本一把摟緊同行女子的身子，

「在這邊站著聊也不方便，我們一起走吧？我們正好要去喝個咖啡，才會出來的。」

「咦？可是……」
坂田無法立刻點頭。他從傍晚開始擺攤，現在才剛過十點，只有三個客人上門。費用是一人三角，三人份則是……算得這麼仔細，實在有點可悲，不過，總共才九角的現金，怎麼也撐不過除夕，於是，他打定主意，不管天空下了什麼，他都不會離開。家裡應該連一毛錢現金都沒有。還欠了一屁股帳款。所以，哪有餘力喝咖啡呢？再說，也不只這個原因。光是見了松本都覺得痛苦，怎麼能跟他一起走呢？見他遲遲沒點頭，
「走嘛，走嘛。」
女子們也異口同聲地邀請他，在下著雪的路旁聊那麼久，身子可受不了呢。
「唉，既然你這麼堅持……」
他也不好再推辭，「等我一下，我現在就收攤。」安靜地把櫃台疊起來，夾在腋下。
「久等了。」

接著說：

「該上哪去喝咖啡呢？別府（這裡）可沒什麼好店家，嗯，『巴西』大概還過得去吧。」

看著當地女子的臉，他說得好似十分熟稔。這樣的自己真是可悲。

朝向架著牛奶糖廣告塔的那個海邊，順著流川通往下走。轉彎，經過點著昏暗電燈的市營澡堂前方時，松本突然開口：

「我不知道你待在這裡。」

曾經聽人說你去了東京，不知道你竟然在別府過著落魄的生活……松本沒說出口的話，隨著洗澡水的氣息，一起落進坂田的胸口。這一帶沒有積雪反射的光線，不知怎的，整條路都暗淡無光。

他回想起第一次與照枝兩人一起來到別府的夜晚。剛走下船，立刻開始找房子。他有氣無力地甩開旅館攬客人員的手，暫時寄存行李後，兩人依偎著，自然避開明亮的馬路。聽說這裡是好地方，不過兩人幾乎像是連夜逃跑，遠從東京流落至此，昏暗的小巷，更適合自己的處境。就連澡堂的氣味，都有一股不熟悉的當地氣息。這段從東京出發，不知幾百里的漫長旅行，疲憊的照枝連開口的力氣都沒了。「我患了結核病，好想看一眼心儀的別府再死。」這是女子的口頭禪。「要是能泡溫泉，說不定我的病就好了。」為了實現她的心願，想在東京生活，必須先籌措旅費……。

在熱海待了兩天，接著來到東京，到處觀光一輪之後，再也無事可做，先開口的是照枝，「總不能老是住在旅館呢。」坂田嚇了一跳。照枝說：「肚子裡還有孩子，趁盤纏花光之前，做點腳踏實地的生意吧。」坂田遵命照辦。左思右想後，照枝一直從事特種行業，坂田心裡思忖著，還以為她這回大概也會做特種行業，比較符合她的性子。

既然都要做生意，不如做一些東京目前沒有的創新事業來賺錢，於是他開了一家專賣豆皮烏龍麵的烏龍麵店。坂田說：「東京的豆皮烏龍麵好難吃，根本無法入口，讓大家吃吃大阪道地的豆皮烏龍麵吧。」照枝的雙親在豬飼野[15]開過烏龍麵店，所以她也積極參與此事。自從照枝聽了東京的孩子們說起話來字正腔圓，聽起來聰明伶俐，在東京養育肚子中的孩子就成了她的夢想，對開銷也錙銖必較了起來。毫不介意地穿著已經十分老舊的內衣褲，也許這是她本來的性格，總之坂田感到十分安心，同時，他對松本又懷著一股微弱的嫉妒心理。

他們的店開在學區，即使不是什麼老店，生意應該都不錯吧，他們走訪各處的學區，後來，買下本鄉森川町的餐館經營權，自從一高遷校後，這家餐館就歇業了，長期掛上出售的牌子，接著，烏龍麵店開張了。

剛開始，有不少客人上門，不過，聽到坂田用大阪腔說「歡迎光臨」、「要點什麼？」「豆皮嗎？」「烏龍麵嗎？」客人露出奇妙的表情。客人大多是學生，也有大阪來的客人，他們聽了坂田用大阪腔說：「歡迎下次再來。」的時候，都悄悄地逃出門了。也有客人一聽說沒有蕎麥麵，就說下次再來。生意愈來愈冷清了。

照枝嚴重害喜，沒辦法到店裡幫忙。坂田用不熟練的手法煮烏龍麵，當雇用的少女出去送外賣的時候，他負責顧店，還要把麵端到客人面前。不久，照枝流產了。她因此得了腹膜炎，進了大學醫院。手術後，過了一陣子一事無成的日子，這次輪到肺出問題了。醫藥費愈滾愈多，店裡愈來愈蕭條。客人再也不上門了，簡直像一場騙局。再這樣下去，只會坐吃山空，他十分恐懼，只好偷偷把店賣了。卻找不到買主，就這樣心不在焉地每天開店，過了半年的光景。好不容易才找到買主，對方卻開了一個教人難堪的低價。

儘管如此，他還是賣了，用那筆錢償還積欠醫生的債款，搬到專門租給學生的便宜宿舍，坂田則成了路邊的算命師。他以前就對易經八卦十分感興趣，沒想到有一天居然會把它當成正職，他在訓練班考到執照，第一次出門擺攤的夜晚，他不禁想起印刷機器的油墨味。他覺得很丟臉，幾乎看不清路上行人的面孔，儘管如此，想到在學生宿舍休息的照枝，他立刻睜大雙眼，「要、要不要看手相？」看到神似松本的男子，立刻慌張地把頭別開。關於松本的事，他沒問照枝，照枝也沒提過，看到照枝坐在綻了線，裡面棉花都露出來的座墊上，坂田認為自己必須忘了松本的事。照枝的病一直不見起色。每晚，坂田都睡在她身邊，想到松本的事，總覺得火氣一下子冒上來，於是用冰冷的枕頭冷卻自己的腦袋。後來「想去別府，死在那裡」成了照枝的口頭禪……。

又過了一年，他們終於流浪到別府。現在回想起來，也覺得十分可怕。剛抵達的時候，身上連十圓都沒有。心裡乾著急，想要快點找個可以休息的地方，先別說旅館了，就連房子都只能先從便宜的找起，感嘆著悲慘的境遇，在暗巷裡，像野貓一樣瑟縮著身子，靠在一起，不斷地飄泊。

當時一樣是冬天，也是個寒冷的夜晚，坂田想起這件事，吸了吸鼻子。這時眼前突然亮了起來，巴西的門口到了。在入口門燈的照射下，他的鼻水閃閃發亮。

「就是這了。」

坂田對著松本的側臉說，說句「晚安」，推門而入。接著又說：

「真是非常抱歉，可以幫我準備六杯咖啡嗎？」
也沒問魚貫而入的女子們要喝什麼，他迅速點好餐，心滿意足地坐在藤椅上。
松本目瞪口呆。這副德行，該不會以為自己是大老闆吧？他忍不住看著坂田。坂田看來忠厚老實，沒想到他的睫毛很長，優雅地包覆著清晰的雙眼皮，從這個部分來看，這個只會到夜總會玩樂，還一夕敗光家產的男子，倒也不是無跡可循。每天晚上，桌上都擺滿一盤十圓、二十圓的水果盤，難免要懷疑這男子的身分。松本自己是鐵工廠的獨生子，出來玩的時候，從沒計較過花費，父親甚至經常叨唸他太會花錢，不過，當時要是沒什麼特別的需求，他才不會點水果那種昂貴的東西。
不久，咖啡端上桌了。坂田只啜飲兩、三口，然後再也不屑一顧。他們在雪中，走了兩町的距離。女子們覺得應該充分品嘗，窸窸窣窣地喝得一滴不剩，大概從傍晚就站在大雪中的坂田，也不應該留戀，應該一飲而盡吧？松本猜想，大概是基於不曉得從哪裡聽來的「咖啡這種東西，喝兩、三口就要剩下來」，至今還沒忘記鄉下人不經世事的氣慨吧。與其說是佩服，倒不如說十分傻眼。這樣的坂田，看來更落魄了，真可憐。

儘管如此，他還是十分潦倒。可憐的是陪他一起吃苦的瞳，看到坂田又粗又短的脖子，松本想起那張已經被他遺忘的女子容顏。

乍看之下，女子的容貌高傲、冷豔，結果卻是個聲音尖銳，感覺無腦的平凡女人。現在回想起來，倒是有幾分會跟隨坂田這種男人吃苦的性情。

後來怎麼了呢？過著什麼樣的日子呢？松本幾乎要脫口問這些問題，不過，在他從大阪帶來的女子面前，他不好意思開口。坂田也沉默不語。因此，儘管特地找他一起喝咖啡，卻沒說上什麼話。松本還是靜不下來，說個不停，像是「大阪變了不少，你一定不知道現在有地鐵了吧？對了，你也不知道赤玉的紅磨坊，現在可不轉了」。坂田也附合他的話，「這樣啊，我也想回大阪瞧瞧。」兩人一直是有一搭沒一搭地聊著。總之，彼此都很尷尬。一旁吵鬧的女子們也覺得無趣。松本後悔跟坂田一起來。不過，坂田可是一開始就後悔了。坂田幾次想要起身，後來終於下定決心，站了起來。

「我先告辭了。」

他抓起帳單。

「啊，這可不成。」

松本慌忙按住他的手，坂田甩開，說：

「這攤算我的。」

接著，他軟弱無力地走到櫃台，從黑色皮革大錢包裡，取出十枚十分的銅錢。對方說您多了一枚，他面帶慍色地說：

「給你當小費。」

當天夜裡的收入，就這樣消失殆盡了。

「咱們有緣再會。」

他再度向松本致意，接著對老闆娘說：

「抱歉打擾您了。不好意思。」

坂田客氣地行禮，幾乎到了令人悲傷的地步，然後走出去。松本追上來說：

「你剛才說想回大阪吧。要是你想在大阪工作，就來我那裡上班吧。別客氣，儘管跟我說。」

悄悄將名片放在他撐著傘的手裡。他沒在女子面前這麼做，是出於不想讓坂田蒙羞的心意，松本瞬間放任自己，刻意讓雪把自己的臉打濕。不過，他要坂田一起來，其實是想在女子們面前，利用坂田當對比，誇耀自己的成功。之前沒落的鐵工廠，自從事變以來，簡直是熱鬧極了，有了現在的身分，自然想要給坂田幾分顏色瞧瞧。不過，坂田實在是太悲慘了，他終究做不出這種事。照枝應該也在窮困的日子裡，憔悴了不少吧。

「要是有什麼我幫得上忙的事，請儘管開口。明天也可以來龜井飯店找我。」

不過，坂田有點怨恨地瞄了松本一眼，

「……」

無精打采的黑色背影離開。

松本抱著淒涼的想法，回到咖啡廳裡。

「那個男人……」

住在哪裡呢？他向老闆娘探聽坂田的底細，她表示坂田竟然住在距離這裡一里半[16]，離市內電車終點站還要再走五町那麼遠的地方，與太太兩人住在賣水煮蛋的人家二樓。他的太太生病了，每一天他都要努力賺錢，白天在溫泉附近的餐廳巡視，收購空瓶，夜裡則出門幫人看相。

「他也會來收我們家的空瓶。」

奇妙的是，大約每半年會來喝一、兩次咖啡，這裡明明是單純的咖啡廳，他每次一定會留下不一定要留的小費，老闆娘緩慢地微笑。

「我每次都要還他，他卻不肯收下，不知該拿他怎麼辦才好。」

「也不能怎麼辦啊。你看，他那麼有心。」

松本也笑了，拍拍身旁女子的肩膀，「那男人老愛做這種事。」整張臉都笑皺了，唯獨眼睛沒有笑意。他可不能留下小費，得意洋洋地離開。將來還要來收空瓶，也就是說，對坂田來說，對方可是客戶。來買空瓶，順便喝咖啡再回去，甚本上是必須避免的行為。怪不得他今晚帶著許多人上門當客人的時候，十分用心，他想起坂田離開的時候，向老闆娘客氣地打招呼。

松本鬱鬱寡歡。絲毫感受不到自己帶著一群女子來喝茶的樂趣。白天做資源回收，晚上當算命師，兩者都是不需要成本就能輕鬆賺錢的生意，不過，也都是一分、兩分的小生意。再加上瞳還生病了。方才付的錢，也是他在除夕忍著寒冬賺來的吧，坂田的黑色背影浮現眼前，總覺得眼眶有股暖意。

坂田縮著身子，立起斗蓬的領子，一身漆黑地走在海岸通上。海面也下著雪，風從海上吹過來。現在的他，沒有回頭再度站到流川通的力氣了。照枝與松本果然有一腿，這個長年來一直揮之不去的可恨想法，如今再也沒有懷疑的餘地，答案顯而易見。然而，不知怎地，他卻沒了憤怒、哭泣、吶喊的精神與力氣，成了不可思議的遙遠回憶。現在直逼而來的，是如何度過今晚的智慧。

在咖啡廳花了一圓，他現在身無分文。家裡也不可能有現金。樓下賣水煮蛋的，現在這時間也不會開店，所以三番兩次來催繳積欠的房租。被催到受不了，只好將之前一分一毫慢慢攢下來，準備用來過年的那筆錢，儘管只有一點點，今天早上還是全都交給他了。每年都會給賣水煮蛋家的三個小孩，準備五角紅包，今年可能沒辦法給了。雖然現在沒辦法過以前那樣的好日子，照枝還是一個注重體面的人。每天都臥病在床，胡思亂想，所以更在乎這種事吧。之前老是鬧脾氣，說要死在別府，過了三年後，現在老是胡鬧地說要死在大阪。想到她拖著病體，依然跟著自己這樣的男人過苦日子，他希望能想點辦法讓她回大阪。在熟悉的大阪當算命師，雖然丟臉，不過，他願意為了照枝忍耐，自己也想回到那片土地，下定決心以後，第一個面臨的問題就是旅費。兩個人加起來應該不到二十圓吧，之前卻怎麼也沒試過要存錢。

聽說赤玉的紅磨坊沒了，他更加懷念大阪了。他驀然無精打采地想起松本說的「來投靠我」。趁著在凍僵的雙手呼氣時，心不在焉地看著松本的名片。

電車轟轟地追過來。然後逐漸遠去。光線瞬間在雪地奔馳、消逝。當鋪應該還開著吧？坂田急著趕路。好不容易來到電車的終點站。有兩、三個看似車掌的黑色人影，正在篝火旁蠢動。往那裡看了一眼，坂田彎進不留足跡、安靜的細長雪徑。他的腳尖濕了，感到陣陣刺痛。坂田下意識地將名片撕成粉碎。走了五町，已經能看見水煮蛋店的二樓。陰沉的防雨窗已經關上，從縫隙中透出少許亮光，照亮屋頂的積雪。坂田心想，照枝還沒睡呢。她瘦弱的身子，幾乎還留著松本的手垢。坂田總覺得鬆了一口氣，一如往常地彎著身子，伸手拉開水煮蛋店的大門。

譯註1　以稻草織成的繩子，有避邪的效果，人們會在新年時掛在玄關。
譯註2　別府的觀光巴士。
譯註3　位於九州大分縣，以溫泉聞名。
譯註4　大阪的鬧區。
譯註5　頭尖、瞇眼，嘴角上揚，嬰兒外形的幸運神，大阪通天閣的比利肯神像最為出名。
譯註6　大阪及神戶。
譯註7　高級的日本料理餐廳。
譯註8　一町約為一〇九公尺。
譯註9　日本女性最普遍的髮型，未婚女子及歡場女子經常梳這種髮型。
譯註10　中央有一圈白色，宛如蛇眼的傘。
譯註11　明治、大正時期，日本常見的餐廳，主要提供牛奶，類似現在的咖啡廳。
譯註12　絹布縫製的和服。
譯註13　新年裝飾松枝的時期，通常由元旦至七日，也有到十五日的說法。
譯註14　大阪的劇院。
譯註15　於今大阪的東成區、生野區。
譯註16　一里約三・九公里。

大阪萬花筒

吉行榮助｜よしゆき　えいすけ

我離開父親經營的，位於北濱的貿易公司，從心齋橋取道戎橋筋，步行前往道頓堀。戎橋河畔的新京阪電車廣告塔的探照燈，與東道頓堀熙熙攘攘的都會嘶啞聲交錯著，開啟了熱鬧的大亂鬥。

一

我在父親位於北濱的辦公室裡，突然遭到N警署的拘捕。

當我進入N警署的刑警辦公室，那裡坐著一名剪短頭髮，面無表情的少女，她老邁的父親則一臉憔悴地坐在她旁邊。刑警圍在一旁，由一名中年警官進行偵訊。

有如諷刺漫畫一般，在講求禮節的刑警辦公室裡，頭髮花白的老警官，盤著腿對我說：

「……知多子的父親要控告你誘拐，你跟知多子是什麼關係？」

對於他的偵訊，我坦白回答：

「……前幾天，我去夙川的舞廳跳舞，回家的路上，我經過R酒店，在那裡認識知多子的。她跟同在政府機關上班的N課長來酒店。她穿著西式的羊毛紗和服搭配紅色腰帶，辮子上繫著紅色緞帶，剛開始，我以為她是兼差的學生飯局小姐。知多子與同行的N課長，在酒店點了香甜的雞尾酒，她拜託課長幫她付清在雅如服飾店訂作服飾的費用。過了一會兒，N課長撚著他引以為傲的黑色鬍鬚，像是雄性動物界在女性身上烙印的的行為一般，給了她幾張紙鈔，邀知多子前往某處，不過她好像不太喜歡這種金錢交易，拒絕了對方的請求，暫且約好第二天晚上再見。結果N課長不高興地起身，留下她自己一個人回去了。知多子滿面愁容，窩在狹小的椅子裡，我邀她過來我的座位，於是她不發一語地來到我的桌子，

她說：

『不好意思，請送小女子回天下茶屋的住處。』

我帶著幾分醉意，仍然聽從知多子的請求，搭計程車送她回家。離別的時候，我吻了知多子，後來她說：

『你可別忘了我。』

第二天早上，我聽見有人敲著我住的夙川飯店單人房大門，醒了過來。還

以為是房務部女服務生送報紙來了，結果進來的是知多子。她默不作聲地站在我的枕邊，過了一會兒，她冷得發抖，爬進我的ＸＸ。」

知多子的父親難過地咳了幾聲。刑警們望著她，像在看什麼高級機械似地，知多子一臉憂鬱，盯著跨在火盆上取暖的男子的破襪子。

「……中午過後，我帶知多子搭阪急電車去神戶。我建議她在海岸通的髮廊剪頭髮。知多子短髮的頸項，對著深青色的大海，看似愉快地左右甩了幾下。我則在元町通的舶來服飾店買了兩、三件色彩鮮豔的衣物，送給知多子。接著，我帶她去下級娼妓聚集的後街，在大眾餐廳的酒場，讓她成了一夜舞孃。知多子戴著飄散福馬林氣味的貞操帶，那是坦然收下客人骯髒紙鈔舞孃們的所有物，她跟我聊著日常瑣事，共度一夜。

第二天，知多子再度造訪我的飯店，說是暫時不想離開我。我對知多子已經萌生淡淡的情愫，並不覺得不高興，但是我仍然建議她回家一趟。結果她堅持自己與家人是獨立的個體，於是我跟知多子開始同居了。」

這時，手持鋼筆及手冊的警官，訊問知多子：
「……妳同意他剛才的說法嗎？」
知多子明確地回答這個問題：
「……他說得沒錯。小女子並不覺得自己做了什麼罪大惡極的事。」
刑警將她那一臉蒼白，差點昏厥的父親，以及知多子帶到另一間房間。老警官對我說：
「……你打算跟她結婚嗎？」
我回答：
「……不需要結婚吧。」
警官安靜地離開，其他刑警一臉賊笑地走進房間，
「……喂，幹得好。對方好像要撤告了。不過，今後不准你再跟他女兒來往，你可以回去了。」
我站起來，在曖昧不清的筆錄中，回答：

「……只要她同意，我絕對不會再跟她來往。」

於是，刑警遞給我一張筆錄，

「……喂，振作點，那女人是厲害的老江湖。仔細看看這張筆錄吧。」

警察出門，我想著刑警笑得一臉猥瑣的臉，看著他給我的那張紙上，應該是知多子顯赫的成績單吧，佐田知多子，女性行政人員。十七歲。女子學校輟學。坦白十五歲時曾主動委身某氏。並坦承如今仍然與某氏維持交往關係。亦坦承其間曾與某私立大學生、某上班族、某教師等人交往……。

二

那是一座風華絕代的城市。

宛如繞頸般的計程車，佔據大街小巷，從我身邊駛過。當高樓大廈的百葉窗緊閉，薩克斯風猶如夜裡的花朵一般綻放，夜行女子鼻子上沾著化妝的白粉，從小巷子的暗色中，以美腿描繪出柏油大馬路。

我離開父親經營的，位於北濱的貿易公司，從心齋橋取道戒橋筋，步行前往道頓堀。戒橋河畔的新京阪電車廣告塔的探照燈，與東道頓堀熙熙攘攘的都會嘶啞聲交錯著，開啟了熱鬧的大亂鬥。

沒有許可證的女子們，為了新貨幣，從夜色的側腹露出她們蠱惑人心的側臉，顯現於藍色的夜裡。在河水另一頭閃爍的大型電力鐘，被染成紅色，水上警察的巡航快艇拖著宛如女子小指般的尾巴，行經光線點綴的夜色之下，隨後隱約可聞美人茶屋[1]的徹夜笙歌。

就著茶屋微弱的白色燈光，我俯瞰插在芝居小屋[2]旁的整列旗幟。在中座[3]斜對面，梳著銀杏返髻[4]的女孩賣著鴈治郎糖[5]，從一罐宛如結棉[6]般的包裝裡，依稀可見古典的城市。

不小心被不正經的皮條客拉到劇場後方的主演人物招牌底下，我匆忙撥開羽織藝者[7]的衣襬，來到食傷小巷[8]，來到鶴源師傅漆成瑪瑙色的魚類饗食地獄。在整排簡便旅館的後巷中，隔著旅館的玻璃窗，可見赤玉樓上的紅磨坊，迎風轉動。

另一頭的宗右衛門町，三味線伴奏的歌聲中，河合屋藝妓踩踏地板的步履聲，化為查爾斯頓舞[9]的節奏，構成播半[10]靈鰲的奇幻世界。

我來到西道頓堀的緣切小巷附近，站在二手書大學的淫書書架前，架上夾雜著古典書籍，也許還有馬克思經濟學之類的橫排書。

我終於開啟淫書的大門，煙霧濛濛的沙龍，細膩又現實的享樂地帶在我眼前一覽無疑。從圍著房間電暖爐談笑的紳士淑女中，選出幾位有名的人物，介紹給各位讀者，

綽號	經歷	姓名
杯裝11之愛	海外歸國的女政客	西紅葉
杯裝之性	海外歸國的女企業家	太田美佐子
杯裝性感	X電影公司的知名女演員	生江幸子
杯裝之酒	走私洋酒的暴發戶商人	福井貂田
杯裝思想	馬克思主義者	林田三郎

我聞到一股牙齦的腐臭味。不久，我得知那是塗在中國負片上的香料氣味。房裡的空氣，使人感到女子的溫度。室內變了心的鈕釦孔，猶如以許多男性製成的模型，親暱地靠在籐椅上。

茶几的桌巾沾著皮膚的污垢，好商量的男女打算以妥協政策，解決至高無上的快樂滋味，他們彼此交談，宛如悄悄戀慕對方的人們。

穿著禮服的吸菸男子，面向貼著豹皮的藍色牆壁，對自己的影子打招呼。各位啊。仔細一看，這名男子並不是在開玩笑，才對自己的影子打招呼。那是人造人的彈簧機關，讓穿著性感晚禮服的夜間女子，化為照片中的剪影。

女子的喜好言猶在耳，當好色者隨著交響樂起舞，軍隊組織也隱匿於性感的華服之下，越南的XX在房裡人們甜美的唾液中穿梭。女政客、女企業家、女演員、暴發戶及文學家，紛紛倒滿象徵男性的酒杯，以白濁的美酒沾濕唇瓣。

野蠻的四重奏宛如鉋屑一般，唐突地掀幕，迫切地響起。剛開始，痛苦的韻律有如我必須面對的富家千金社交界，逐漸引誘我走向目眩神迷。

三

堂島飯店附近的夜間藥局暢銷排行榜，以及商業化的饒舌口吻，對比女子的溫度，顯得十分親切。

過了凌晨零時，鬢髮凌亂的女子從宛如屍體般冰冷的銀行街，越過大江村，現身夜間藥局之時，她的面容蒼白，有如走在燈籠小路一般，將紅色貼紙的商標，扔進淀川水面。

投幣遊樂場裡，穿著直紋短裙的女子，將臉埋在毛皮衣領之中，把放在晚宴包裡的三角形ＸＸ當成她的墓誌銘，往梅田方向走去。

不久，罩著套子的計程車停在夜間藥局前，林田三郎有如煙火一般，從車裡衝進商館之中。光可鑑人的車窗上映出西紅葉的側臉，宛如搭乘彈簧船的女子，耀眼動人。

行車記錄器又轉了一圈，太田美佐子帶著美國籍情夫，從中之島方向走向林蔭大道。

福井貂田則是與一個彷彿來自水晶宮的比目魚般的女子一同現身，購買大量橡膠產品後，不知上哪去了，翡翠般的海峽從生江幸子胸口的鮮紅徽章上浮起，我按下自動門的開關，從販賣窗口吵醒穿著西裝，仰躺在沙發上睡覺的店員，像是狼人與骰子的遊戲，只能靠著七分運氣、三分醫術。我買了德國製的骰子，感受著歔欷悲嘆的，圓柱狀的大阪之夜。

四

當夜色的紗霧褪去，倚在灰色牆面過了一夜的失業者，像是市場裡紅色黑色的魚，一躍而起，懶洋洋地望著掛在高樓上的天氣預報三色旗。

太陽燃燒著，宛如折扣電車裡，青色勞工帽的火焰，當天色全亮之時，穿著骯髒褲裙的女事務員鑽進大樓半開的百葉窗，失去表情的勞工們，露出破舊襯衫裡營養不良的肌膚，被吸進宛如鏡子般，閃閃發亮的石造建築物裡。

五花街[12]的女子們，清晨參拜天滿天神之後，正要去睡回籠覺，北濱一帶停滿的人力車，如今一掃而空，證券市場的相關店家，電話宛如舞孃腰際的鈴噹，響個不停。

我從飯店的床上，直接通往父親的外銷棉花公司，頂著濃妝掩飾夜晚疲勞的打字員，像在敲擊電話的鍵盤似地，以昨夜的記憶填滿白紙。

最近上海投資的態勢不明朗，導致白銀市場面臨有史以來最嚴重的崩盤，受到餘波盪漾，這家外銷棉花公司一樣陷入不景氣的低潮。為什麼呢？要說白銀暴跌最大的原因，不排除是印度的幣制改革以及中國商人的企圖所導致。我不得不阻止這名女打字員指尖的惡作劇了。

反蔣介石派愈演愈烈，中俄的東清鐵路[13]之爭，商人對南京政府幣制改革的疑慮，華盛頓政府對中商談的經濟策略，成為帝國主義戰爭的預兆，華盛頓政府設巧局，趁時局平穩時解決問題，於是南京政府設立中央銀行，開設上海造幣廠。中國內陸終於沒掀起戰爭，對白銀需求的疑慮，因為諸多惡劣的因素，最終慘跌，全面崩盤。

北濱一帶也受到中國財經風暴的影響，對中商談陷入低潮。

我拉開大樓的窗簾。對面N萬大樓的時裝模特兒公司裡，美式風格打扮的女子們如卡片般攤開在地上，聚在緋紅色的地毯上化著妝。

我坐在辦公桌前，翻開早報。看到報導了在附近開了一家店的投資大戶S終於遭到起訴，還有最近流行的城市女子自殺案，則附上了照片。S在金融界呼風喚雨，仗著N．R漁權的背景，利用政黨之間的對立，展現了投機分子舉足輕重的地位，卻隨著內閣輪替，捲入犯罪風波，同時發現自己得了不治之病。

內閣更迭，隨著黃金輸出的禁令解除，現金貨幣的需求衰退，金融市場受到閒置資金的影響，因而出現市場利率的活期貸款利息急貶，國債、市債抬頭等變化，國內的購買力下滑，在街道之間形成黃濁的剖面。

儘管這一帶的聯合委員會已經採取振興事業的決議案，面對無事可做的交易市場，失業者日復一日地增加，他們的飢餓與過度生產呈反比，在城裡的廣場堆積。

女打字員繡著薔薇的襪帶，映入我的眼簾，大腿的位置像是故意要露給我看似的，鮮紅的唇瓣叨著五色的荷蘭香菸，她揚起嘴角，吐出菸霧，宛如熟練的工兵架起一座細橋。

距離父親進社長室，還有一個小時的時間，我像是踩著節奏，向她走近，

「……在這不景氣的時候，妳知道處世之道嗎？還是妳跟其他的女人不一樣，有不同的見解呢？」

「……在商業重地，可別這麼見外，叫人打啞謎呢。像你這樣的人，不應該錯過這波白銀下跌，應該去一趟上海，大撈一筆。今天早上的報紙寫了，日本匯率行情，只要九十六兩四分三厘，就能換到在千元大鈔上打滾，便宜又划算呢。」

為了免去替摩天樓鏡面打蠟的麻煩，我關上那扇藍色窗簾對市區飄揚的窗戶，

「……比起這個，讓我數數妳的馬甲有幾顆釦子吧。」

「……你的臉皮還真厚呢。」

她宛如漫畫中的女子，聳肩之後起身，大動作轉動房間的門把。

「……等我一下。你對於在短裙女子面前自殺的男人，有什麼想法嗎？」

女打字員開朗地吹著口哨，轉身。

「……若是小女子，才不會自殺，而是選擇結婚哦。」

「……又不是政府，妳也要採取緊縮政策嗎？」

「……唉，想要追求快感，福特也無所謂啊，又不是要在山林之間奔馳。」

五

然而，當天下午，投資客、大老闆、上班族、擦鞋工、打字員、低薪的教師。這些人們在櫻花快車、高速巡航船、飯店、電影院、辦公室、餐廳、冬季賽馬場、少女歌劇院，各個階級的人在各個地點，面臨一起驚人的事件。

那是美國資本主義崩潰的徵兆。是誰造成的？是無產階級的巨彈嗎？然而，美國的無產階級本身也捲入風暴之中，他們是美國產業組織的夥伴。讓我們解除犯人的武裝吧。

犯人是英國銀行團及背後的金融界。

後來，倫敦的《維多利亞週報》針對當天的情況，做出下以的敘述。

「華爾街曾經是一座吸水泵。吞噬世界的資本，所到之處，都形成空洞。光是倫敦市場，用不著翻閱地理書籍，就知道一天有數萬筆美國的股票交易。巴黎、柏林、布魯塞爾、阿姆斯特丹，所有的通訊方式都將資金迅速流進華爾街。令人感嘆的是，大西洋北岸的剩餘財富，如今已經全化為美國股票。華爾街終於破滅了。信用違反財經界平衡法則，通膨隨著英格蘭銀行減息，一起邁上崩潰之路等等。」

英國金融資本在美國產業資本掀起強大的波濤，因此，仰賴美國資本的工商都市——大阪，在恐怖侵襲華爾街的同時，成了套上了低俗的美國衣裳，出盡洋相的紅鼻女子，在財經界的迷宮裡迷失了方向。

又是誰利用華盛頓的要道，導致白銀市場暴跌呢？

一九二六年，英屬印度組成印度貨幣金融委員會，於一九二七年三月二十七日，憑著三億五千萬盎司的白銀頭寸，訂定新的盧比貨幣制度。背後則是由於英國當局賣銀、買金的操作策略，才能達到今日的效果。

這是資本主義戰爭前線發生的事，犯人是英國。

電話鈴聲突然傳進耳裡，告知因龜甲町的棉花、棉布倉庫公司付不出薪資、停止營運，必須裁員的消息。

可是，各位。

裁員到底是誰害的呢？

六

夜間襲來的暴風雨，奪去街頭的燈火。

儘管處於夜間與白日的交界，在狂風中，我聽著收音機播放從倫敦傳來的歌曲。這是一個宛如在可可色肌膚的女子身上，紋上閃電刺青的深夜。

我凌亂的臥室傳來敲門聲，我凝視著橢圓形的天花板，從黑暗中，伸出一隻女子的手，來到我面前，宛如葡萄藤一般纏上來，青色的油布搭配MELINS的和服腰帶，彷彿螢火蟲一般，畫出一個圓圈，我感受著臂彎裡那剪短的秀髮，曾幾何時，我竟然在戀愛的愚行中，求得片刻的安寧。

「……在這世上，你是小女子最喜歡的人了。」

知多子說。

◎作者簡介

吉行榮助・よしゆき　えいすけ

一九〇六——一九四〇

達達主義詩人、小說家。出生於岡山縣御津町，本名榮助。中學時期因受無政府主義影響退學，後前往東京專注於文學創作。曾創辦《賣恥醜聞》、《達達主義》等文藝刊物，並與新感覺派、提倡現代主義的文學家組成新興藝術派，以〈女百貨店〉、〈新種族娜拉〉等作奠定日本新興藝術文學典型，卻也隨著該潮流的衰退而終止寫作。長男吉行淳之介和次女理惠分別獲得第三十一屆和第八十五屆芥川文學獎，長女和子為知名女優，一家人皆享有盛名。一九九七年日本電視台ＮＨＫ根據其妻吉行安久利所寫紀實散文改編為電視劇《安久利（あぐり）》，吉行榮助一角由野村萬齋飾演而再度受到世人注目。

譯註1　相當於夜總會、酒店。
譯註2　歌舞伎劇場。
譯註3　大阪中央區的劇場。
譯註4　年輕女子常梳的髮型，特徵是將髮髻梳成兩個圓圈，類似銀杏。
譯註5　初代中村鴈治郎，一八六〇－一九三五，歌舞伎演員，當時受到人們的熱愛，甚至發展出鴈治郎糖的周邊商品，通往劇場的馬路也因此改名為鴈治郎橫丁。
譯註6　以絲棉打結製成的吉祥物。
譯註7　穿著外套前往客人宴會席的藝妓，後來成為江戶深川一帶藝妓的別稱。
譯註8　食傷，指一直吃同樣的食物，感到厭膩。
譯註9　二、三〇年代，美國流行的舞步。
譯註10　位於大阪心齋橋的高級餐廳。
譯註11　雙關語，原指只有一杯，暗指大量販售。
譯註12　京都五個花街的總稱。
譯註13　滿清時期，由俄國修築，從赤塔經當時滿州，通往海參崴的鐵路。

神仙

芥川龍之介｜あくたがわ　りゅうのすけ

下一秒，權助的身子、權助身上的禮服外套，已經離開松樹枝。不過，即使離開了，卻沒掉下來，有如懸絲傀儡一般，不可思議地留在白天的半空中，這不是穩穩地站在那裡嗎？

諸位讀者。

我現在人在大阪，來聊聊大阪的故事吧。

以前，有個來大阪求職的男子。沒有人知道他姓什麼。只知道他來應徵廚師，叫做權助。

權助揭開職業介紹所的暖簾，便拜託叼著菸斗的掌櫃，請他仲介這樣的工作。

「掌櫃的。我想當神仙，請介紹我去那樣的人家工作。」

掌櫃嚇傻了，好半晌說不出話來。

「掌櫃的。您有聽見嗎？我想當神仙，請介紹我去那樣的人家工作。」

「敝人感到萬分可惜……」

掌櫃總算恢復平靜，大口大口地抽起菸來。

「敝店從不曾仲介過神仙的工作，請您另請高明。」

權助似乎不太滿意，身著千草色[1]工作褲的他，以跪姿往前幾步，說了這個歪理。

「您這麼說就不對了。您說說看，貴店門口掛著的暖簾寫了什麼呢？不是寫著萬事介紹所嗎？所謂的萬事，就是什麼都能介紹吧。還是說您店門口的暖簾上，寫的都是騙人的呢？」

聽權助這番說詞，也怪不得他要生氣。

「不是的，暖簾當然不是騙人的。要是您堅持要找能當神仙的工作，請您明天再來吧。今天會幫您找到符合您需求的工作。」

為了暫時逃避這個問題，掌櫃接下權助的委託。不過，上哪裡工作才能修行當神仙呢？他根本不知道該怎麼辦。因此，掌櫃姑且先將權助請回，接著立刻去拜訪附近的醫生。講完權助的事情之後，他擔心地問：

「醫生，您覺得該怎麼辦？想要修行當神仙，該去哪裡上班，才能通往捷徑呢？」

這下子醫生也覺得一個頭兩個大。他雙手盤胸，想了好一會兒，直盯著院子裡的松樹。這時，綽號老狐狸，奸詐狡猾的醫生太太，聽了掌櫃的話之後，立刻從旁插嘴：

「你叫他來我們這裡吧。只要在我們家待個兩、三年，包管他能當神仙。」

「真的嗎？太好了。那就拜託您了。總覺得神仙跟醫生，似乎關係匪淺呢。」

一無所知的掌櫃，不斷點頭答謝，歡天喜地地回家了。

醫生擺出一張苦瓜臉，目送他離開，不久，他轉向老婆的方向，氣憤地抱怨道：

「妳在說什麼傻話啊？要是那個鄉巴佬抱怨，說待了好幾年我們也沒教他仙術，該怎麼辦呢？」

然而，老婆不僅沒道歉，還哼哼笑了幾聲，反過來駁斥醫生，

「你別插手。你那個死腦筋，在這個艱險的世界，大概會活活餓死吧。」

到了第二天，鄉下來的權助遵照約定，跟掌櫃一起來了。畢竟是初次見面，權助穿上正式的禮服外套，不過外表與一般老百姓並無二異。反而有些教人意

外。醫生像是見了來自印度的麝香獸[2]，一直盯著他的臉，懷疑地問：

「聽說你想當神仙，這到底是打哪來的念頭呢？」

於是權助回答：

「我並不是非當神仙不可，只是，見了那座大阪城之後，想到連太閤大人這麼了不起的人，仍然難逃一死。於是覺得人類不管擁有多少榮華富貴，最後都是一場空。」

「只要能讓你成仙，你什麼都肯做吧？」

狡猾的醫生太太立刻插嘴。

「是的。只要能成仙，我什麼工作都肯做。」

「好，從今天開始，你在我這裡工作二十年吧。這樣一來，到了第二十年，我一定會教你成仙的祕術。」

「真的嗎？小的感激不盡。」

「不過呢，接下來的二十年，我可是連一毛薪水都不會給哦。」

「是的。是的。小的知道。」

後來，權助在醫生家聽任差遣，過了二十年。挑水。砍柴。生火煮飯。擦地。再加上醫生出門的時候，他還要背著藥箱隨行。非但如此，他從沒討過一分一毫的薪水，翻遍全日本也找不著這麼好用的傭人了。

不過，二十年終於到了，權助換上來時的打扮，穿著禮服外套，來到老闆夫婦的跟前。訴說這二十年來受到的照顧，殷勤稱謝。

「接下來，我想請您遵照之前的約定，在今日，教我成為長生不老的神仙祕術。」

聽權助說完，醫生老闆沉默不語。畢竟他連一毛薪水都沒給過，使喚對方二十年，事到如今，他怎麼也不敢開口說自己根本不知道什麼仙術。這時，醫生只好冷淡地把頭撇開，逼不得已地說：

「我老婆才知道成仙之術，你去找我太太教你吧。」

不過，醫生太太若無其事地說：

「好，我教你成仙術，不過，不管有多麼困難，你都要按照我說的去做。否則，你不僅不能成仙，接下來二十年，你要是不繼續做白工，馬上就會慘遭報應而死。」

「好。不管多難，我一定會做到。」

權助喜不自勝，等待醫生太太的指示。

醫生太太下令：

「爬到院子裡那棵松樹上。」

她本來就不懂什麼成仙之術，所以她打算叫權助做一些他辦不到的難事，要是他做不到，就能再免費使喚他二十年。然而，聽了她的話之後，權助立刻爬到院子裡的松樹上。

「再高一點。再爬高一點。」

醫生太太站在簷廊正前方，仰望松樹上的權助。權助身上的禮服外套，已經在院子裡的巨大松樹最高的樹梢處飄揚。

「接下來放開右手。」

權助以左手穩穩攀住松樹的粗枝，輕輕放開右手。

「接下來放開左手。」

「喂！喂！放掉左手的話，那個鄉巴佬就會掉下來了。掉下來的話，地上是石子地，會沒命的。」

後來醫生也來到簷廊前方，擔心地探頭。

「你別礙事。交給我吧。喂，把左手放開哦。」

她的話還沒話完，權助已經勇敢地放開左手。畢竟他在樹上，又放開雙手，怎麼可能不掉下來呢。下一秒，權助的身子、權助身上的禮服外套，已經離開松樹枝。不過，即使離開了，卻沒掉下來，有如懸絲傀儡一般，不可思議地留在白天的半空中，這不是穩穩地站在那裡嗎？

「謝謝您。拜您之賜，我終於成了獨當一面的神仙。」

權助客氣地行禮，安靜地踩著青空，冉冉升至高聳的彩雲之中。

沒有人知道後來醫生夫婦怎麼了。不過，醫生院子裡的松樹，活了很久很久。據傳淀屋辰五郎[3]為欣賞這棵松樹的雪景，特地請人將這棵四人環抱的大樹搬到院子裡。

（大正十一年[4]三月）

芥川龍之介・あくたがわ　りゅうのすけ・一八九二—一九二七

◎作者簡介

芥川龍之介・あくたがわ　りゅうのすけ

一八九二―一九二七

小說家，一八九二年出生於東京，號澄江堂主人，俳號我鬼。東京帝國大學英文系畢業，大學在學期間創作短篇小說〈鼻子〉獲夏目漱石讚賞，隔年一九一七年發表第一本創作集《羅生門》，正式踏入文壇。初期文風兼受古典文學《今昔物語集》和西歐自然主義影響，發表〈地獄變〉、〈枯野抄〉等確立大正文壇代表作家地位。其後因飽受健康與精神疾病之苦，文風轉為懷疑、厭世，帶有晦暗的自傳性成分，發表〈竹藪中〉、〈河童〉等晚年代表作。一九二七年七月二十四日，於自宅飲過量安眠藥自殺。

譯註1　帶綠的亮藍色。
譯註2　會發出麝香味的動物。
譯註3　一六八八—一七〇四，大阪富商。
譯註4　一九二二年。

小感日常07

和日本文豪一起逛大阪

浪花之城、天下廚房、日本金庫，也是不羈的情欲之都……

作　　者　織田作之助、古川綠波、武田麟太郎、長岡半太郎、藤湖南、吉行榮助、芥川龍之介
譯　　者　侯詠馨
策　　畫　好室書品
特約編輯　陳靜惠、盧琳
校對協力　徐詩淵、鍾宜芳
封面設計　白日設計
內頁排版　洪志杰

發 行 人　程顯灝
總 編 輯　呂增娣
主　　編　徐詩淵
編　　輯　林憶欣、黃莛勻、林宜靜、鍾宜芳
美術主編　劉錦堂
美術編輯　黃珮瑜
行銷總監　呂增慧
資深行銷　謝儀方、吳孟蓉
發 行 部　侯莉莉
財 務 部　許麗娟、陳美齡
印　　務　許丁財
出 版 者　四塊玉文創有限公司

總 代 理　三友圖書有限公司
地　　址　一〇六台北市安和路二段二一三號四樓
電　　話　(02) 2377-4155
傳　　真　(02) 2377-4355
電子郵件　service@sanyau.com.tw
郵政劃撥　05844889 三友圖書有限公司

總 經 銷　大和書報圖書股份有限公司
地　　址　新北市新莊區五工五路二號
電　　話　(02) 8990-2588
傳　　真　(02) 2299-7900

製版印刷　卡樂彩色製版印刷有限公司

初　　版　二〇一九年三月
定　　價　新台幣二八〇元
ＩＳＢＮ　978-957-8587-63-2（平裝）

國家圖書館出版品預行編目 (CIP) 資料

和日本文豪一起逛大阪——浪花之城、天下廚房、日本金庫，也是不羈的情欲之都……/ 織田作之助等著；侯詠馨譯 .-- 初版 .-- 台北市：四塊玉文創，2019.03　面；　公分 .--（小感日常；7）
ISBN 978-957-8587-63-2(平裝)

1. 旅遊文學 2. 日本大阪市

731.75419　　108002241

廣　告　回
台北郵局登記
台北廣字第2780

地址：　　縣/市　　鄉/鎮/市/區　　路/街

段　巷　弄　號　樓

SANYAU

三友圖書有限公司 收

SANYAU PUBLISHING CO., LTD.

106 台北市安和路2段213號4樓

SANYAU
三友圖書
讀書俱樂部

「填妥本回函，寄回本社」，即可免費獲得好好刊。

粉絲招募歡迎加入
臉書／痞客邦搜尋
「四塊玉文創／橘子文化
食為天文創
三友圖書－微胖男女編輯社」
加入將優先得到出版社
提供的相關優惠、
新書活動等好康訊息。

四塊玉文創╳橘子文化╳食為天文創╳旗林文化
http://www.ju-zi.com.tw
https://www.facebook.com/comehomelife

【黏貼處】對折後寄回，謝謝。

親愛的讀者：

感謝您購買《和日本文豪一起逛大阪——浪花之城、天下廚房、日本金庫，也是不羈的情欲之都……》一書，為感謝您對本書的支持與愛護，只要填妥本回函，並寄回本社，即可成為三友圖書會員，將定期提供新書資訊及各種優惠給您。

姓名＿＿＿＿＿＿＿＿ 出生年月日＿＿＿＿＿＿＿＿

電話＿＿＿＿＿＿＿＿ E-mail＿＿＿＿＿＿＿＿

通訊地址＿＿＿＿＿＿＿＿

臉書帳號＿＿＿＿＿＿＿＿ 部落格名稱＿＿＿＿＿＿＿＿

1 年齡
□ 18 歲以下 □ 19 歲～ 25 歲 □ 26 歲～ 35 歲 □ 36 歲～ 45 歲 □ 46 歲～ 55 歲
□ 56 歲～ 65 歲□ 66 歲～ 75 歲 □ 76 歲～ 85 歲 □ 86 歲以上

2 職業
□軍公教 □工 □商 □自由業 □服務業 □農林漁牧業 □家管 □學生
□其他＿＿＿＿＿＿

3 您從何處購得本書？
□網路書店 □博客來 □金石堂 □讀冊 □誠品 □其他＿＿＿＿＿＿
□實體書店＿＿＿＿＿＿

4 您從何處得知本書？
□網路書店 □博客來 □金石堂 □讀冊 □誠品 □其他＿＿＿＿＿＿
□實體書店＿＿＿＿＿＿
□ FB(四塊玉文創 / 橘子文化 / 食為天文創 三友圖書－微胖男女編輯社)
□好好刊 (雙月刊) □朋友推薦 □廣播媒體＿＿＿＿＿＿

5 您購買本書的因素有哪些？（可複選）
□作者 □內容 □圖片 □版面編排 □其他＿＿＿＿＿＿

6 您覺得本書的封面設計如何？
□非常滿意 □滿意 □普通 □很差 □其他＿＿＿＿＿＿

7 非常感謝您購買此書，您還對哪些主題有興趣？（可複選）
□中西食譜 □點心烘焙 □飲品類 □旅遊 □養生保健 □瘦身美妝 □手作 □寵物
□商業理財 □心靈療癒 □小說 □其他＿＿＿＿＿＿

8 您每個月的購書預算為多少金額？
□ 1,000 元以下 □ 1,001 ～ 2,000 元 □ 2,001 ～ 3,000 元 □ 3,001 ～ 4,000 元
□ 4,001 ～ 5,000 元 □ 5,001 元以上

9 若出版的書籍搭配贈品活動，您比較喜歡哪一類型的贈品？（可選 2 種）
□食品調味類 □鍋具類 □家電用品類 □書籍類 □生活用品類 □ DIY 手作類
□交通票券類 □展演活動票券類 □其他＿＿＿＿＿＿

10 您認為本書尚需改進之處？以及對我們的意見？
＿＿＿＿＿＿＿＿＿＿＿＿

感謝您的填寫，

您寶貴的建議是我們進步的動力！

【黏貼處】對折後寄回，謝謝。